WIZARD

ワイルダーの
テクニカル分析
入門

オシレーターの売買シグナルによるトレード実践法

New Concepts In Technical Trading Systems
by J. Welles Wilder, Jr.

J・ウエルズ・ワイルダー・ジュニア[著]

長尾慎太郎[監修]　井田京子[訳]

Pan Rolling

NEW CONCEPTS IN TECHNICAL TRADING SYSTEMS by J.Welles Wilder
Copyright © 1978 by J.Welles Wilder, Jr.
Japanese translation published by arrangement with Trend Research Ltd.
through The English Agency (Japan)

【免責事項】
この本で示してある方法や技術、指標が利益を生む、あるいは損失につながることはない、と仮定してはなりません。過去の結果は必ずしも将来の結果を示すものではありません。この本の実例は、教育的な目的でのみ用いられるものであり、売買の注文を勧めるものではありません。

監修者まえがき

　本書はJ・ウエルズ・ワイルダーの手による"New Concepts in Technical Trading Systems"の邦訳である。およそマーケットにかかわる人間であれば、広く普及しているテクニカルツールであるRSI（相対力指数）の開発者として、ワイルダーの名を知らないものはいないであろう。外部のファンダメンタルな情報ではなく、内部のテクニカルな情報のみを用いてマーケットの状況を把握し、その先行きを見通そうとする試みは、以前から多くの人々によって行われてきたが、その技術が一通りの完成をみたのは、なによりワイルダーの功績と言っていいと思う。彼の開発したツールはRSIにとどまらず、ディレクショナルムーブメントやパラボリックなど非常に多岐にわたり、それらは今なお現役のテクニカルツールとして利用されているものばかりである。

　こうして多くのテクニカルツールの開発に多大なる業績を残していることから、ワイルダーは、テクニカルアナリストとしてとらえられている側面が非常に強い。しかしその一方で、彼が実はもともとシステムトレードを志向していることはあまり知られてはいない。一般的にはあまり意識して区別されないことではあるが、テクニカルアナリストとシステムトレーダーとは実際にはかなり異なった存在である。テクニカルな手法によってマーケットを分析することを生業とするテクニカルアナリストと、事前にルールを定め、客観的なデータに基づいてトレード（投資や投機）を行おうとするシステムトレーダーとは、現実には似て非なるものと言わざるを得ない。ワイルダーが目指したのはあくまで実践的なトレードの技術なのである。

　本書の内容は、原題にあるとおり、テクニカル分析という範囲を大きく超えて、実質的にはさまざまなトレードシステムの概念、利用法

を提示したものになっている。そこには単なるエントリー（建玉・仕掛け）の方法だけでなく、ロスカット（損切り）を含めたエグジット（手仕舞い）の方法や資金管理の方法、具体的な銘柄の選択法など、首尾一貫したトレードの手法が紹介されている。そして驚くべきことに、原書が著されたのは20年以上前であるにもかかわらず、ここで書かれている概念は現在においてもまったく色褪せていないばかりか、依然として高いレベルにある。それは、本書が単にマーケットに関する知的な考察を目的としたものではなく、あくまでも実践的なトレードを前提として、そのために普遍的に必要なことをすべて押さえてあることによるのであり、またワイルダーがマーケットを理解、分析することにおいて、「天才」であることの証明でもある。

　最後になったが、翻訳をしてくださった井田京子氏をはじめ、関係各位に心から感謝の意を表したい。多くの関係者の努力によって、本書のような素晴らしい書籍が世に出ることになったこと、そして多くの方がそれを手にすることができるようになったことを大きな喜びとしたい。

2002年4月

長尾慎太郎

CONTENTS

目次

監修者まえがき ……… 1
謝辞 ……… 5
はじめに ……… 7

第1章　チャートの基本 ――― 13
BASIC

第2章　パラボリックタイム／プライスシステム ――― 17
The Parabolic Time / Price System

第3章　ボラティリティ ――― 33
Volatility
ボラティリティシステム ……35

第4章　ディレクショナルムーブメント ――― 51
Directional Movement
ディレクショナルムーブメント・システム ……70

第5章　モメンタムの概念 ――― 79
The Momentum Concept
TBPシステム ……81

第6章　RSI(相対力指数) ――― 99
The Relative Strength Index

第7章　リアクショントレンド・システム ――― 111
The Reaction Trend System

第8章　スイングインデックス ――― 137
The Swing Index
スイングインデックス・システム ……151

第9章　CSI(銘柄選択指数) ――― 169
The Commodity Selection Index

CONTENTS 目次

第10章　資金管理 ──────────── 177
Capital Management

おわりに ──────────────── 181

用語・略語解説　　　　　　　　　　183

本書は2002年に出版された『ワイルダーのテクニカル分析──オシレーターの売買シグナルによるトレード実践法』を判型を変えて、新たに刊行し直したものです。

謝辞

本書の出版に際し、協力してくれた同僚たちに、心からの感謝を捧げたい。

リチャード・C・ミーキンズは、本書に掲載されているグラフ、ワークシート、図表などを長時間かけて念入りに見直し、完璧なものにしてくれた。

「秘書嬢」キャロル・ローソンは、温かいコーヒーを絶やさずに、最後まで原稿と格闘してくれた。

また、第6章のチャートは、コモディティー・パースペクティブ社の許可を得て、転載したものである。

はじめに

　本書で取り上げた概念、方法、そしてシステムは、長年にわたるマーケットの調査・研究成果であり、テクニカルに徹したこのやり方で非常に信頼のおける結果を得ることができた。本書の目的は、読書の楽しみを提供することではなく、実際のトレードにおいて役立つ概念や手段や指数を読者に身につけてもらうことにある。

　今回紹介するテクニックは、筆者のこれまでの著作とは重複しておらず、すべてオリジナルの内容になっている。また、取り上げた題材は、初心者からシステムに詳しい経験豊富なプロまで、すべてのトレーダーを対象にしている。この取り組みは筆者にとっても大きなチャレンジだった。初心者は内容を完全に理解するため何度も読み返すことになる半面、コンピューター世代の達人にとっては簡単すぎるということにもなりかねないからである。それでも、多くのトレーダーにとっては比較的理解しやすい構成になっていると自負している。

　プログラム機能付き電卓は比較的安価で手に入るため、テクニカルトレーダーにとって必須のアイテムになりつつある。そこで、本書で取り上げたすべてのシステムや指数も、市販のほとんどのプログラム機能付き電卓で計算できるようになっている。もしうまくプログラムできないときは、電卓業者に問い合わせれば、たいていはプログラムを書けるスタッフが手助けしてくれるはずである。

　プログラム機能付き電卓を使えば、これらのシステムは非常に簡単に利用することができる。なにしろ最新価格のデータを入力してボタンを押せば、1秒とたたずに答えがディスプレーに表示されたり、印刷されたりするのである。

　また、これらの電卓の多くが、プログラムやデータを磁気カードに保存できるようになっており、カードを変えるだけで、数秒とかから

ずにシステム変更もできる。

　本文中のシステムはHP−41CV、アップルⅡ（および＋、E）、IBMパソコン用にプログラムしてある。また、本書で取り上げたソフトウエア（ニュー・コンセプト・ソフトウエア・パッケージ）のパンフレットは下記から取り寄せることもできる。

　Trend Research, Ltd.
　P.O.Box 128
　McLeansville, N.C. 27301
　Tel（919）698-0500

全体の構成

本書は10章に分かれている。各章は前後の章と関係なく単独でも理解できるようになっているが、第1章だけは本書全体にかかわる基本的な考えや定義について述べているので、最初に読んでほしい。そのあとは、例えばディレクショナルムーブメント（方向性指数）に興味がある読者なら、第2章、第3章を飛ばして、第4章に進むということもできるようになっている。

ただし、実際にこれらのシステムを使い**トレードを行う前**に、第9章と第10章は必ず読んでおいてほしい。これらの章もほかと同様、独立して読めるようになっている。

ワークシート

本書で取り上げたそれぞれの指数やシステムにつき、日々の作業を単純化するデイリーワークシートが添付してある。チャート分析法のひとつである**RSI（相対力指数）**を除き、すべての指数とシステムはデイリーワークシートを使うだけでも理解できるようになっている。そのため、チャートをわざわざ作成する必要はないが、チャートで視覚的にとらえることが、トレーダーの理解を深める場合も実際には多い。

各章の終わりには、指数やシステムのデイリーワークシート使用例を載せてある。もし本文を読んでも内容が理解できないときは、この使用例をたどることでしっかりと把握できるようになるだろう。

また、巻末には、付録として白紙の各種ワークシートを載せてあり、コピーして引き続き日々のデータを記入できるようになっている。

チャートの購読

　本書で取り上げたシステムを理解するために、チャートを作成する必要はないが、多くのテクニカルトレーダーは良質のチャートサービスを購読している。

　筆者の場合はコモディティー・パースペクティブ社というチャートサービスを好んで利用している。同社のチャートは商品も通貨も13インチ×10インチ（約33センチ×25センチ）のシートにひとつずつ印刷されており、最後の価格バーのあとには翌週の値を更新するための十分なスペースも取っているからである。チャートは毎週月曜日の朝に、直前の金曜日までの最新データが届くようになっている。

　コモディティー・パースペクティブ・チャートのサンプルは、第6章の**RSI**のなかに載せてある。この種のチャートは以下で取り扱っている（コモディティー・パースペクティブ社はナイトリッダーに買収、再編され、現在はCommodity Research BureauのFutures Perspectiveの一部になっている）。

パラメータレンジ（無限にあるシステム）

　複数のトレーダーに最高のテクニカルシステムを紹介すると、同じシステムを使用したトレーダーの出した注文がまったく同じポイントに集中して、予想外の結果につながる恐れがある。だが、この問題は、パラメータに可能なかぎりレンジ（幅）を持たせることで減らすことができる。トレーダーは**一定のレンジのなかから独自のパラメータ**や定数を選択し、それをシステムに適用すれば、結果に差はほとんど生じない。

　例えば、あるシステムでは、新高値からポイントPまでのうち30％押したら、買いトレードが終わることを示すとする。この場合の定数

は0.30で、ポイントPから最高値までの距離を垂直に測り、その30％を最高値から引くと、ストッププライス（仕切りの逆指値）が決定する。

　では、なぜこのシステムの考案者は30％が絶対に最適な距離だと決めたのだろう？　もしこの定数を特定の商品、あるいは株式を使い、わずか8回のトレード結果で決定しようとすると、定数を若干変えて、トレードが1回不調だっただけでも全体の成績はかなり下がることになる。しかし、これがもし20種類の銘柄を使い、400回のトレードの末に決定されたのであれば、定数を29％や31％に変えても、結果にほとんど影響しないことは読者にも想像がつくだろう。変動幅は28.4％、あるいは31.6％に広げても違いはわずかだが、これが27％や33％になると全体の成績が少しずつ下がり始め、20％や40％までいくと、利益は大幅に減ることになる。そして、この結果をグラフにすると「釣鐘曲線（ベルカーブ）」と似た形になる。

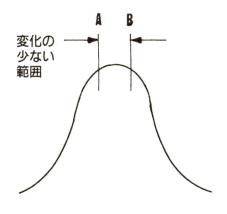

レンジの最低値である28％をポイントA、最高値である32％をポイントBとした場合、28〜32％の間で選んだ定数を使ってトレードを行えば、結果はほぼ同じになる。

「釣鐘曲線」との相似は、本書で取り上げたシステムのなかで定数のレンジが適用できるものすべてに共通している。

第1章 チャートの基本

BASIC

基本用語

　図1.1のバー（棒足）が1日の取引結果を表していることは、大部分のトレーダーが知っていると思う。

　バーの一番上は該当する株や商品のその日の高値を、一番下はその日の安値を表している。また、バーの左側の突起は始値、右側の突起は終値を表している。

　本文で頻繁に使われているLOPはローポイント、HIPはハイポイントの略で、LOPは前後のバーの安値が両方とも高い状態をいう。反対にHIPは、前後のバーの高値が両方とも安い状態をいう。

　もうひとつ、よく出てくるのがシグニフィカントポイント（SIP）で、これは必ず高SIPあるいは低SIPという使い方をする。高SIPは買いトレードにおける最高値（天井）を、低SIPは売りトレードの最安値（底）を指す。

　シグニフィカントクローズ（SIC）はトレード期間中の最も有利な終値を指す。買いトレードのSICはその期間中、最も高い終値である高SICを、売りトレードでは最も安い終値である低SICを意味する。

　ストップ&リバース（SAR）は、上昇なら買いトレードを手仕舞い

して売りトレードに転換し、売りトレードならば、その逆になるポイントのことである。

こうしたバーチャートの基本形は本文中に繰り返し使われている。

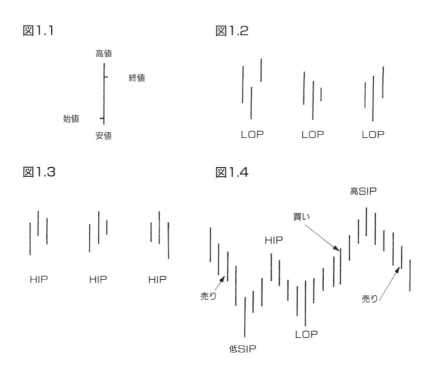

テクニカルトレーディング計画に欠けているもの

テクニカルトレーディング計画は通常、2つの部分から成っている。
1．テクニカルトレーディング・システム
2．資本管理のテクニック

　テクニカルトレーディング・システムの多くは、トレンドフォローシステムで、トレンドがあれば、これが最も利益率の高い方法だとい

うことに筆者も異存はない。ただ、この方式はマーケットが方向性を失い、揉み合いになると必ずある程度の損失を出すという一面もある。

トレンドフォローに対し、保ち合い向きのシステムは、揉み合いやトレンドのないマーケットにおいて利益を出すことはできるが、この方法は頻繁にトレードを行い、小さな利益を積み重ねていくため、手数料の割合が大きくなることは否めない。また、市場がトレンドモードに変わると、アンチトレンド系のシステムは利益が上がらなくなることが多い。

筆者は長年テクニカルトレーディングの方法を分析し、開発してきたが、いまだに**すべての**マーケット**で一貫して**利益を出すことのできる、ある１つのシステムに出合ったことはない。そして、そのようなシステムがないということは、トレードしようとしている商品がトレンドモードにあるかどうかを判定する基準だということになる。これについては第４章のディレクショナルムーブメントのなかで詳しく説明している。

そのほかにも考慮すべき点がいくつかある。トレンドのなかで、たいてい最も利益が出るのはトレンドの**変動が大きい**とき、つまりマーケットでの動きが非常に早いときで、これについては第３章のボラティリティインデックスのなかで説明している。

また、実際のトレードにおいては、証拠金、手数料についても考える必要がある。

以上４つの要素を**適切な配分で**組み合わせたものが、第９章で取り上げたCSI（銘柄選択指数）になる。CSIの基準による最高の商品は、

１．ディレクショナルムーブメント・インデックスの値が高い

２．ボラティリティが高い

３．ボラティリティやディレクショナルムーブメントの値に比べて、証拠金の額が適当

４．手数料も適当であるもの

といえる。

　これまで述べてきたことをまとめると、テクニカルトレーディング計画に欠けているのは、**どの**商品を**いつ**トレードしたらよいかを判定し、決定する方法だということになる。そして、これに対する本書の答えがCSIなのである。

　ディレクショナルムーブメントやボラティリティやモメンタムといった複雑な概念に進む前に、比較的簡単だが市場に動きがあれば利益を出すことのできるシステムを紹介したい。このシステムはマーケットの動きが中程度（2〜3週間継続する）のとき、筆者の知るかぎり最も利益率が高く、気に入っている。システムの名前をパラボリックタイム／プライスシステムという。

第2章 パラボリックタイム／プライスシステム

The Parabolic Time / Price System

　パラボリックタイム／プライスシステムという名前の由来は、ストッププライス（仕切りの逆指値）の形成するグラフの形がパラボラ（放物線）に似ていることから来ている（雲形定規の形だと主張する向きもある）。このシステムでは、仕掛けたあと、何日間か市場の反応を見たあとにストッププライスが速く動き始めるため、この形のグラフになる。ストッププライスには、**価格（プライス）機能**だけでなく、**時間（タイム）機能**もある。そのストッププライスは仕掛けたマーケットの方向のみに移動し、逆行することなく毎日進むようになっている。

　例えば、買いトレードの場合、ストッププライスは価格の上げ下げにかかわらず毎日上昇する時間の関数である。一方、ストッププライスの上昇幅と価格が有利に動く幅、特に仕掛けたときから最も有利な価格に達したときの上げ幅とは比例しているので、このストッププライスは価格の関数だともいえる。この「時間／価格」は非常に興味深い概念で、結果的には価格が有利に動くために必要な時間を表す値になっている。ストッププライスの動きがパターンを形成しない場合や別の方向に向かう場合、ストッププライスは反転して新しいトレードが始まる。図2.1を使ってこの概念を具体例に説明していこう。

　この例では、毎日の価格上昇幅が同一になっていることと、ストッ

ププライスが形成する2つのパターンに注目してほしい。ストッププライスはゆっくりとした動きから始め、その後加速するが、10日目になるとそれ以上加速はしなくなり、価格だけの関数になっている。

このシステムを理解するため、まず図のストッププライスの計算方法を見てみよう。買いでトレードを始めたのが4日目で、取引初日のストッププライスはSIP（前のトレードでの底）になる。仮に前回のトレードが売りトレードで、それが4日目に反転しようとしているとしたら、取引1日目のストッププライスは50.00になる。このシステムは、それぞれのストップポイントがマーケットの**転換点**にもなっているため、真のドテンシステムといえる。このようなストップポイントを**SAR（ストップ&リバース）**と呼ぶことにする。取引1日目のSARにSIPの値を入れ、5日目のSARを計算してみよう。

4日目の**高値**とSARの差に、加速係数（AF）の0.02を掛け、4日目のSARに足したものが5日目のSARになる。式にすると、以下のようになる。

$SAR_5 = SAR_4 + AF \times (H_4 - SAR_4)$ となり、今回のケースでは下のようになる。

$SAR_5 = 50.00 + 0.02 \times (52.50 - 50.00)$
$\quad\quad = 50.00 + 0.02 \times 2.50$
$\quad\quad = 50.00 + 0.05$
$\quad\quad = 50.05$

つまり、5日目のSARは50.05になる。**加速係数AFは0.02から0.20までの連続した数字で、新高値が更新されるたびに0.02が加算される**。図2.1のケースでは毎日新高値を更新しているので、AFも毎日0.02ずつ増えている。

同様に6日のSARは下のように算出できる。

図2.1

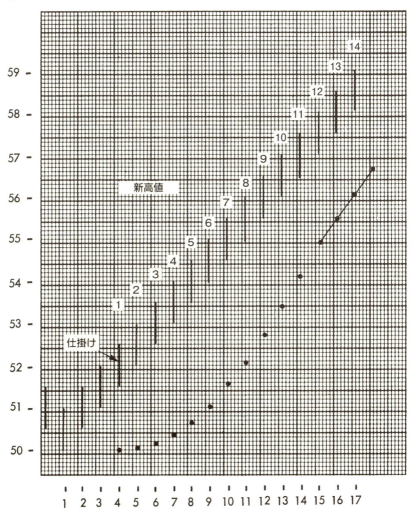

$$SAR_6 = SAR_5 + AF \times (H_5 - SAR_5)$$
$$= 50.05 + 0.04 \times (53.00 - 50.05)$$
$$= 50.05 + 0.04 \times 2.95$$
$$= 50.05 + 0.12$$

= 50.17

SAR$_{翌日}$ = SAR$_{今日}$ + AF（EP$_{取引期間}$ − SAR$_{今日}$）

　AFは0.02から0.20まで、0.02ずつ増える。EP$_{取引期間}$はこのトレード期間の極大値（買いトレードならば**最高値**、売りトレードならば**最安値**を指す）。

　図2.1の7日目から12日目のSARは下のように算出する。
SAR$_7$ = 50.17 + 0.06 ×（53.50 − 50.17） = 50.37
SAR$_8$ = 50.37 + 0.08 ×（54.00 − 50.37） = 50.66
SAR$_9$ = 50.66 + 0.10 ×（54.50 − 50.66） = 51.04
SAR$_{10}$ = 51.04 + 0.12 ×（55.00 − 51.04） = 51.52
SAR$_{11}$ = 51.52 + 0.14 ×（55.50 − 51.52） = 52.08
SAR$_{12}$ = 52.08 + 0.16 ×（56.00 − 52.08） = 52.71

　パラボリックの基本概念が理解できたところで、トレードルールを整理しておこう。

パラボリックタイム／プライスシステムのルール

仕掛け
価格がSARを突き抜けたときからトレードを開始する。

SAR（ストップ＆リバース）
　A．初日のSARは、前のトレードのSIP
　　1．買いトレードでは、前のトレードが売りトレードなので、**最安値**（底）をSIPとする。

2．売りトレードでは、前のトレードが買いトレードなので、**最高値（天井）**をSIPとする。
B．2日目以降のSAR
  1．買いトレード
    a．現在のトレードの最高値と現SARの差を求め、それとAFの積に現SARを**足す**と、翌日のSARが算出される。
    b．初日のAFは0.02とし、それ以降は**高値が更新**されるごとに0.02ずつ加算する。高値が更新されない日は、その時点のAF値を使う。AFは0.20を超えないようにする。
  2．売りトレード
    a．現在のトレードの最安値と現SARの差を求め、それとAFの積を現SARから**引く**と、翌日のSARが算出される。
    b．初日のAFは0.02とし、それ以降は**安値が更新**されるごとに0.02ずつ加算する。安値が更新されない日は、その時点のAF値を使う。AFは0.20を超えないようにする。
C．SARを前日や今日のレンジにはけっして戻さない。
  1．買いトレードでは、翌日のSARが**今日および前日の安値**をけっして上回らないようにする。もしそのような算出結果が出た場合は、前日と今日の安値のうち**安いほう**を翌日のSARとして使用する。
  2．売りトレードでは、翌日のSARが**今日および前日の高値**をけっして下回らないようにする。もしそのような算出結果が出た場合は、前日と今日の高値のうち**高いほう**を翌日のSARとして使用する。

次は実際に**図2.2**のチャートをワークシートに記入してみよう。この例では、4日に売りから買いに転換している。初日は、**売りトレードだった前のトレードの最安値**が50.00（低SIP）だったことが分かっ

図2.2

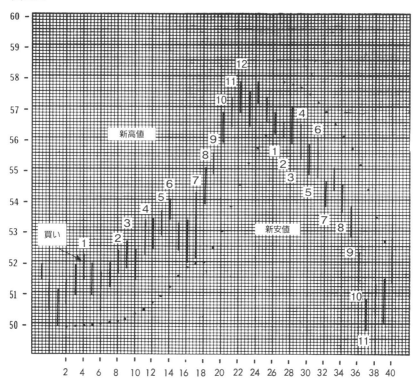

ているので、証券会社に伝えるSARを計算する必要はないが、これを使い、翌日のSARを計算する。

　この例では、単純化するため26ページのワークシートには高値と安値の欄のみを記入したが、実際のトレードでは始値と終値も記入する。

　まず、ワークシートの4日の行（一番上の行）に、この日の高値52.35と安値の51.50、そしてSAR欄には取引1日目なので、前のトレードのSIPである50.00を記入する。

　初日のEP（極大値。最高値や最安値のこと）はこの日の高値である52.35になるので、それをEP欄に、また50.00（SAR）と52.35（EP）の

差である2.35をEP±SAR欄に記入する。

　最初のAF欄は必ず0.02を記入し、それとEP±SAR欄の2.35の積である0.05をAF×差欄に記入する。

　4日（取引1日目）の計算が終了したので、5日（2日目）に移ろう。まず、4日のAF×差欄とSAR欄を足した50.05が、**翌日**5日のSARとしてSAR欄に入る。これが、5日の計算のもとになる。

　5日は高値52.10、安値51.00で、**新高値は更新されていないため**、AFは0.02のまま変わらない。EP欄には常に今回のトレードにおけるEPを記入するため、この時点では52.35を再び記入する。EP±SAR欄には、SAR欄とEP欄の差2.30を入れ、それとAF欄の積である0.05をこの日のSARである50.05に足した50.10が、翌日6日のSARになる。

　少し飛ばして8日を見てみよう。この日は新高値が更新され、52.50を付けたため、AFを0.02増やし、0.04をAF欄に記入する。このトレードのEPも52.50に変わり、SARである50.19との差である2.31と、新AFである0.04の積である0.09に50.19を足して、翌日9日のSARである50.28を算出する。

　次は16日の数字を使って、17日の計算をしてみよう。16日は、高値が53.50、安値が52.10である。EPである54.20と、SARである51.96との差である2.24と、AFの0.12の積である0.27にSARの51.96を足して52.23を算出する。ここでの注意点は、**16日の安値が52.10で**、ルールC－1（翌日のSARは今日および前日の安値を上回らない）に反するため、翌日のSARを算出するときには**今日の安値**である52.10を使用し、SAR欄に記入する。

　17日のSARは上のとおり、16日と15日の安値を超えているため、52.10を使用する。

　このように**新高値**が更新されるたびに、AFを0.02ずつ増やしていくが、0.20に達したらそのあとは何回高値を更新しても、AFは0.20のままとする。この例では20日にAFが0.20に達したため、それ以降、トレ

ードが終わるまでAFの値は変わっていない。

　今度は売りトレードに転換した場合を考えてみる。この例では、26日にSARである56.62を下に突き抜け、売りトレードに転じている。転換日のSARは前のトレードの高SIP、つまり買いトレードだった前のトレードの**最高値**を用いることになっていることは前に述べた。

　26日もまず、高値57.00、安値56.30、SAR欄にSIPである58.00を記入する。今回は売りトレードなので、EPは今回のトレードの最安値だが、初日なので**EP欄**はこの日の**安値**である56.30。EP±SAR欄にはこれまでと同様に、SAR欄とEP欄の差である1.70になるが、AFは新たに0.02から**スタートする**。1.70と0.02の積である0.03を、SARである58.00から**引く**と、翌日27日のSARが57.97と算出される。

　27日は最安値が更新されているので、EP欄の新EPである56.20と、SARである57.97の差から1.77を算出する。これは今回のトレードで2回目の最安値に当たるので、0.04になったAFと、1.77の積である0.07をSARである57.97から**引く**と、翌日28日のSARである57.90が算出できる。今回もAFは0.20を超えないようにする。

　最後に、このシステムのトレード開始時期について考えよう。それぞれのSARが前回のトレードとは反転しているなかで、どこから始めればよいのだろう。

　そのタイミングを見極めるには、長期トレンドが上昇しているときなら、数週間前の高SIPまでさかのぼり、その後、3〜4日**以内で**一番下げの大きい日からチャート上で架空の売りトレードを始めてみる。すると、この取引が買いに転じたときが実際のトレードを仕掛ける日になる。このときのマーケットは、たいてい長期トレンドと同じ方向に向いているはずである。

　もし長期トレンドが下落している場合は、数週間前の低SIPを選び、上昇トレンドのときと同様に長期トレンドに沿った売りトレードの開始時期を探すことができる。

このシステムは、第4章で取り上げるディレクショナルムーブメント・インデックスと組み合わせて使うこともできる。もしこのインデックスが上向き（プラス）であれば買いに徹し、下向き（マイナス）であれば売りに徹すればよいのである。
　以上がパラボリックの基本になる。SARの計算は単純で分かりやすい。また、AFの値はつねに**最高値**（売りトレードの場合は**最安値**）が更新された回数の2倍になっている。例えば6回目の最高値更新時のAFは0.12、8回目なら0.16になる。
　パラボリックは簡単なシステムだが、マーケットに動きがあれば利益率は非常に高い。テクニカル派の人々が長時間かけて考案した移動平均システムも、トレードの初期に市場の反応を見る時間をとっているのは同じだが、マーケットが天井を打つと、また反対方向に加速してしまう。**パラボリックの動きもこれと同じ**だが、トレード開始時のストップポイントをSIPの値に設定し直すことで、価格が方向性を持って動き始めるまでの間に誤ったシグナルが出ないようにしている。
　このシステムが変動の大きい市場でどのように機能するかは、次のチャートを分析するとよく分かる。特にSARのパターンに注目してほしい。
　筆者はこのシステムでさまざまなAFを試した結果、0.02ずつ一定に加算する方法が最適であるという結論に達した。しかし、もし独自のストップポイントを設定し、システムを差別化したい場合は、加算値を0.018から0.021の間に、最大値を0.20から0.22までの間に設定しても問題なく機能する。
　パラボリックタイム／プライスシステムは、ディレクショナルムーブメント・インデックスかCSI（銘柄選択指数）を使い、マーケットに方向性があることを確認したうえで使用することが望ましい。

デイリーワークシート──パラボリックタイム／プライスシステム

日付	始値	高値	安値	終値	(1) SAR	(2) EP	(3) EP±SAR	(4) AF	(5) AF×差
4		52.35	51.50		50.00	52.35	2.35	.02	.05
5		52.10	51.00		50.05	52.35	2.30	.02	.05
6		51.80	50.50		50.10	52.35	2.25	.02	.05
					50.15				
7		52.10	51.25			52.35	2.20	.02	.04
8		(52.50)	51.70		50.19	52.50	2.31	.04	.09
9		(52.80)	51.85		50.28	52.80	2.52	.06	.15
					50.43				
10		52.50	51.50			52.80	2.37	.06	.14
11		(53.50)	52.30		50.57	53.50	2.93	.08	.23
12		53.50	52.50		50.80	53.50	2.70	.08	.22
13		(53.80)	53.00		51.02	53.80	2.78	.10	.28
14		(54.20)	53.50		51.30	54.20	2.90	.12	.35
15		53.40	52.50		51.67	54.20	2.55	.12	.31
16		53.50	52.10		51.96	54.20	2.24	.12	.27
17		(54.40)	53.00		52.10	54.40	2.30	.14	.32
18		(55.20)	54.00		52.10	55.20	3.10	.16	.50
19		(55.70)	55.00		52.60	55.70	3.10	.18	.56
20		(57.00)	56.00		53.16	57.00	3.84	.20	.77
21		(57.50)	56.50		53.93	57.50	3.57	.20	.71
22		(58.00)	57.00		54.64	58.00	3.36	.20	.67
23		57.70	56.50		55.31	58.00	2.69	.20	.54
24		58.00	57.30		55.85	58.00	2.15	.20	.43
25		57.50	56.70		56.28	58.00	1.72	.20	.34
					56.62				
26		57.00	(56.30)		58.00	56.30	1.70	.02	.03
27		56.70	(56.20)		57.97	56.20	1.77	.04	.07
28		57.50	(56.00)		57.90	56.00	1.90	.06	.11
29		56.70	(55.50)		57.79	55.50	2.29	.08	.18
30		56.00	(55.00)		57.61	55.00	2.61	.10	.26
31		56.20	(54.90)		57.35	54.90	2.45	.12	.29
32		54.80	(54.00)		57.06	54.00	3.06	.14	.43
33		55.60	54.50		56.63	54.00	2.63	.14	.37
34		54.70	(53.80)		56.26	53.80	2.46	.16	.39
35		54.00	(53.00)		55.87	53.00	2.87	.18	.52
36		52.50	(51.50)		55.35	51.50	3.85	.20	.77
37		51.00	(50.00)		54.58	50.00	4.58	.20	.92
38		51.50	50.50		53.66	50.00	3.66	.20	.73
39		51.70	50.20		52.93	50.00	2.93	.20	.59
		53.00	51.50		52.34				

第2章　パラボリックタイム／プライスシステム

銘　柄　_____　　　限　月　_____

仕掛け	手仕舞い	損益	アクションと注文
L-52.20			
S-56.62	56.62	+4.42	
L-52.35	52.35	+4.27	

27

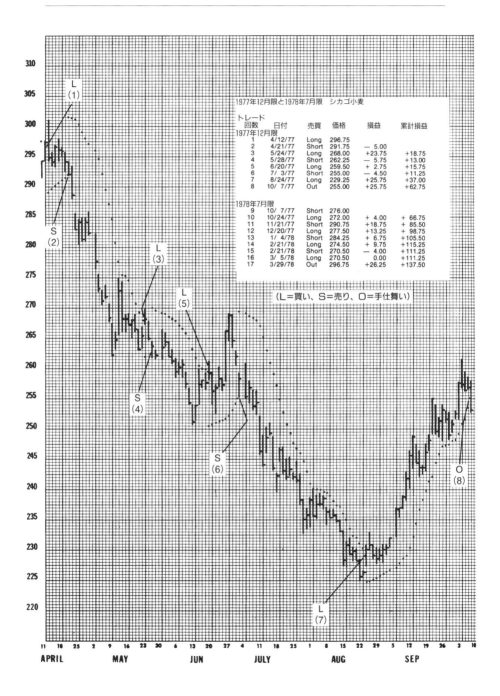

第2章 パラボリックタイム／プライスシステム

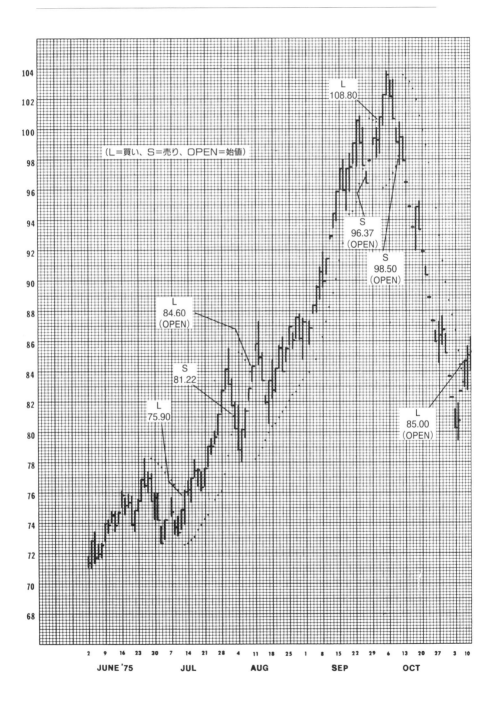

第2章 パラボリックタイム／プライスシステム

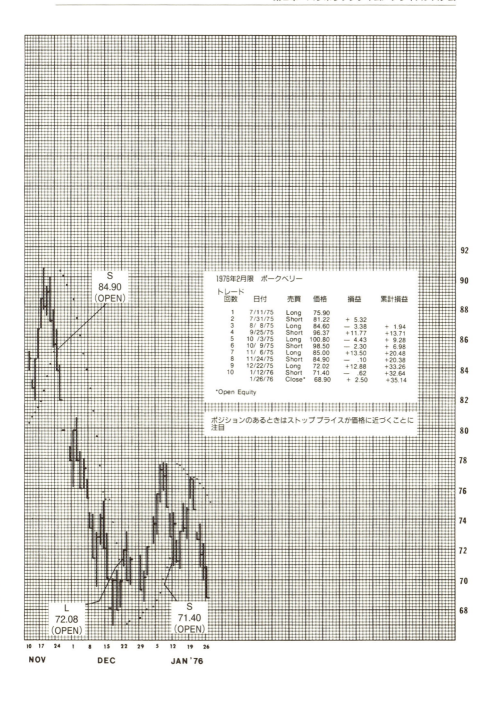

31

第3章 ボラティリティ

Volatility

ボラティリティインデックス

　ボラティリティ（変動率）とは何か、という問いに、多くのトレーダーはマーケットの動きを表す値だと答えるだろう。もし市場が激しく動いていれば、ボラティリティが高く、動きがなければ低いといった具合である。チャートを見て、ボラティリティが高いか低いかを見分けるのは簡単だが、トレーダーはこれをどのように定義し、利用すればよいのだろうか。

　ボラティリティを表すものに**レンジ（値幅）**がある。レンジとは、一定の時間内に価格が動いた値幅のことを指している。

　図3.1では、バーの一番上から一番下までが、このバーのレンジになる。

　ところが、図3.2のように1日の取引が制限幅に張りついたときを考えてみよう（それはストップ高でも、ストップ安でもよい）。このような場合は、その日にトレードが出来たとしたら、ただ1つの値でトレードされたということになる。このストップ高（またはストップ安）の日のレンジはゼロになるのだろうか。もちろん違う。一定期間に価格の動きがあるかぎり、レンジはゼロではないのである。

図3.1 図3.2

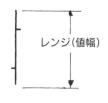
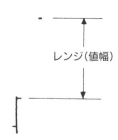

　このような場合には、前日の終値から今日の価格までをレンジとする。この測り方だと、**図3.2**の2日目の取引にも適正なレンジ、つまり最大の値動き幅をとらえることができる。ここでボラティリティの説明に必要な真のレンジ（TR）を、一定時間内の値動きの最大幅と定める。TRは日中の値動き幅だけでなく、前日の終値からの差のほうが大きければ、そちらを用いることになっている。

　以上を整理すると、TRは下の3つのうち**最大の値**になるもの、と定義することができる。

　1．今日の高値と安値との差（D_1）
　2．前日の終値から今日の高値までの差（D_2）
　3．前日の終値から今日の安値までの差（D_3）

図3.3

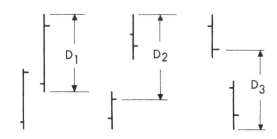

レンジの測り方は、ボラティリティの尺度として使う場合、1日分ではなく複数日でとらえる必要があるため、**一定期間のTRの平均値**を使用することにする。ボラティリティの指標の動きは、TRの平均を何日分で計算したかによって、早くも遅くもなる。そこで、かなりの試算を重ねた結果、筆者は14日間の平均値がボラティリティインデックスには最も適しているという結論に達した。

ボラティリティインデックス（VI）は、後述のディレクショナルムーブメント・インデックスとともに、CSI（銘柄選択指数）を算出するときにも使われる。

ボラティリティインデックスの公式

$$VI_{今日} = \frac{13 \times VI_{前日} + TR_1}{14}$$

TR_1 ＝ 今日のTR（真のレンジ）

この公式の分子は、ディレクショナルムーブメント・インデックスにも使われている。また、この公式に別の定数を当てはめたものが、次の項で取り上げるボラティリティシステムになっている。

このシステムでは、ボラティリティインデックスよりも細かい動きをとらえるため、TRに（14日分ではなく）7日間移動平均を使用する。平均値を求める日数が変わっても公式の解き方は同じなので、先の公式については、次の項の7日間の手順を参考にしてほしい。

ボラティリティシステム

ボラティリティシステムは、トレンドフォロー型のシステムであると同時に、それぞれのストップポイントが売買の転換点になっている

真のドテンシステムでもある。システムの仕組みは簡単である。

まず最初にTRの平均（ATR）の計算方法から始めたい。ATRはボラティリティシステムの基本単位で7日間のTRをもとにしている。1日のTR（TR₁）については前の項で述べたので、ここではTRの平均（ATR）を計算する方法を見ることにする。

ATRの公式

$$ATR_{直近値} = \frac{6 \times ATR_{前日} + 今日のATR}{7}$$

または

$$ATR_{直近値} = \frac{6 \times ATR_{前日} + TR_1}{7}$$

最初のATRには、前述のとおり、前日までの7日間のTR合計を7で割った数値を使う。これが翌日計算に使うATR前日になる。日々のATRの計算例は次の表にまとめてある。

図3.4

日付	始値	高値	安値	終値	TR	ATR	
1/1	50.00	51.20	49.80	50.90	1.40		今日高値-今日安値
1/2	50.70	51.80	50.30	51.50	1.50		今日高値-今日安値
1/3	51.70	52.90	51.70	52.80	1.40		昨日終値-今日高値
1/4	52.50	53.70	52.30	53.50	1.40	10.00	今日高値-今日安値
1/5	53.60	54.80	53.50	54.70	1.30	7 = 1.43	今日高値-今日安値
1/6	54.40	54.40	52.90	53.00	1.80		昨日終値-今日安値
1/7	52.90	53.20	52.00	52.00	1.20	1.43	今日高値-今日安値
1/8	52.00	52.70	52.00	52.20	.70	1.33	今日高値-今日安値

まず、TRの列を初日から7日分合計した10.00を7日間で割ると、1

月7日のATRが算出される。

1月7日のATRは、10.00÷7＝1.43

これ以降はATRの公式を使う。

$$\text{ATR}_{直近値} = \frac{6 \times \text{ATR}_{前日} + \text{TR}_1}{7}$$

1月8日の取引終了後、その終値と前日のATRである1.43を使い、最新のATRを計算する。

$$\text{ATR}_{直近値} = \frac{6 \times 1.43 + 0.70}{7} = \frac{8.58 + 0.70}{7} = 1.33$$

ここで日々のATR計算方法を復習しておこう。最初、つまり7日目のATRはそれまで7日間のTRを合計して7で割って求める。8日目以降は前日のATRを6倍し、計算日のATRを足した合計を7で割ればよい。この方法なら初日の計算が終われば、保存するのは前日のATRだけですむ。

ATRの計算方法が分かったので、あとはこれに定数（C）を掛ければ、ボラティリティシステムで使用できるようになる。

筆者が試算したなかで最適だった乗数は、約3.0で変更可能レンジは2.8～3.1だった。（「はじめに」で述べたとおり）システムの差別化を図りたいときは、この変更可能レンジ内で定数を選べば結果にほとんど影響はない。定数（C）3.00とATRの積を、ARCと呼ぶことにする。ARCはATRに正比例するため、ボラティリティとも正比例している。つまり、ボラティリティが上がればARCの値も増え、ボラティリティが下がればARCの値も減る。

表3.4には始値、高値、安値、終値が表示してある。始値と終値は

計算には使っていないが、ギャップ（窓）がある場合には、これらを表に含めるとより分かりやすくなる。

　ここでボラティリティシステムを定義しよう。これはポジションがSIC（トレード期間中、最も有利な終値）からARC分の間隔を空けた地点で反転シグナルを出すシステムである。

　図3.5の例は、価格は上昇し、ほぼ毎日高値を更新している。7日前からの高値、安値、終値の情報はそろっているので、まず7日目のARCを計算し、その間で最も高い終値（SIC）から**引く**と、**8日目**のSAR（ストップ＆リバース）が算出できる。もし9日目の価格が下がり、終値がSARを下回ったら、売りトレードに変わるため、今回のトレード期間中、最も安い終値にARCの値を**足す**と、10日目の売りトレードのSARが算出される。

　この売りトレードで予想どおりさらに下落した場合は、終値がSARを突き抜けて上に来るまでの間、SARを**最安値**よりARC分、**上**に置く。

　もしボラティリティが高くなっても、まだトレードが続いていたら、ARCの値も前日より大きくなり、ストップポイントを価格からさらに離すこともある。これはボラティリティが高くなったときにシステムが自動的にストップポイントをSICから離すように設定してあるためで、問題はない。むしろ、SARがSICとボラティリティの両方に連動しているのはこのシステムの利点といえる。もし価格の変動が大きくなると、それに連動してSARの位置は価格から遠くなるが、それでもSICと連動する機能は残っている。反対に、マーケットの動きが静まると、ボラティリティは低くなり、SARは価格に近づいてくる。

　この売りトレードがあと2〜3週間続いてから、終値がSARを突き抜け、ARC分上になったとする。翌日からは買いトレードが始まるため、このときの新SARはSIC、つまり今回の転換点になった終値からARC分だけ下に置く。

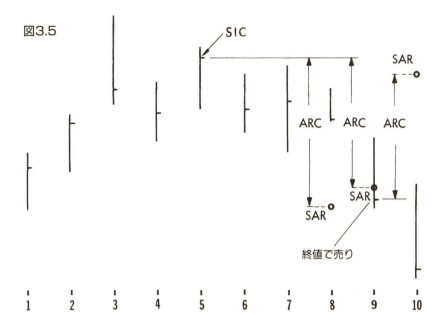

図3.5

　このシステムで日々のトレードを行うのに必要な情報はすべてワークシートに載っている。そのため、あえてチャートを作成する必要はないが、筆者の経験上、ワークシートのSICに基準点としてカッコをつけておくとさらに使いやすくなる。

　ボラティリティシステムの説明は以上だが、システムの単純さに惑わされてはいけない。このシステムのポイントは、SARが終値の最大値とボラティリティの両方に比例しているだけでなく、価格が動く速さに合わせて自動的に調整されることである。また、ATRの乗数として使う定数Cは、トレンドが存続するかぎり、ポジションを適正範囲内に止める役割を果たしている。これは価格の押し・戻りや反動に対してだけでなく、反転して長期トレンドが変わるシグナルが出るところまで価格が動いたときにも有効である。また、トレンドが同じ方向に継続している場合には、システムが自動的にSARをARC分反転さ

せたあと、再びトレンドの方向に戻してくれる。

　次にこのシステムのまとめと、サンプルチャートを展開したワークシートを載せておく。ワークシートとチャートをたどることで、このシステムを完全に理解できるだろう。

ボラティリティシステムのルール

定義

1. 真のレンジ（TR）は次のなかで最大の値である。
   A．今日の高値と安値の差
   B．前日の終値から今日の高値までの差
   C．前日の終値から今日の安値までの差

2. ATR（TRの平均）
   A．初回は、初日～7日目までのレンジの合計を7で割った値
   B．最新のATRは、前日のATRを6倍し、今日のTRと足して7で割った値
3. C──2.80～3.10の間の定数
4. ARC──ATRとCの積
5. SIC──トレード期間中、最も有利な終値
6. SAR（ストップ＆リバース・ポイント）──SICからARC分離れたポイント

ルール

1. **仕掛け**──終値がSARを突き抜けた日の終値
2. **SAR**
   A．買いから売りへ──該当日を含めトレード期間中、終値の最高値からARC分、下のポイント。つまり、終値はSARの下にある。
   B．売りから買いへ──該当日を含めトレード期間中、終値の最安値からARC分、上のポイント。つまり、終値はSARの上にある。

デイリーワークシート──ボラティリティシステム

銘柄 _____ 限月 _____

日付	始値	高値	安値	終値	TR	ATR	ARC	SAR	アクションと注文
1	52.80	53.00	52.50	52.70	.50				
2	52.60	52.75	52.25	52.55	.50				
3	52.00	52.35	51.85	(52.30)	.70	4.05÷7 = .58			
4	52.20	52.45	52.15	52.40	.30				
5	52.10	52.35	51.75	51.90	.65				
6	51.90	52.10	51.50	51.65	.60				
7	51.50	51.80	51.00	(51.10)	.80	.58	1.74		
8	51.15	51.60	51.25	51.55	.50	.57	1.71	52.84	
9	51.50	51.70	51.40	51.65	.30	.53	1.59	52.81	
10	51.60	51.60	51.10	51.15	.55	.53	1.59	52.69	
11	51.00	51.40	50.75	(50.75)	.65	.55	1.65	52.69	
12	51.35	51.75	51.35	51.65	1.00	.61	1.83	52.40	
13	51.70	51.90	51.40	51.80	.50	.59	1.77	52.58	
14	51.60	51.70	51.15	51.55	.65	.60	1.80	52.52	
15	51.55	51.80	51.50	51.80	.30	.56	1.68	52.55	
16	51.90	52.50	51.80	52.50	.70	.58	1.74	52.43	L-52.50
17	52.40	52.70	52.10	(52.70)	.60	.58	1.74	50.76	
18	52.20	52.45	52.00	52.10	.70	.60	1.80	50.96	
19	52.00	52.65	51.50	52.65	1.15	.68	2.04	50.90	
20	52.50	52.95	52.40	52.90	.55	.66	1.98	50.66	
21	53.10	53.60	53.05	53.55	.70	.67	2.01	50.92	
22	53.95	54.50	53.80	54.50	.95	.71	2.13	51.34	
23	55.20	55.70	55.00	55.55	1.20	.78	2.34	52.37	
24	57.55	57.55	57.55	57.55	2.00	.95	2.85	53.21	
25	57.90	58.55	57.90	(58.55)	1.00	.96	2.88	54.70	
26	57.75	57.75	57.30	57.65	1.25	1.00	3.00	55.67	
27	57.50	58.05	57.15	57.95	.90	.99	2.97	55.53	
28	57.80	57.90	57.45	57.80	.50	.92	2.76	55.58	
29	58.00	58.30	57.85	58.20	.50	.86	2.85	55.79	
30	58.45	58.65	57.75	58.65	.90	.87	2.61	55.97	
31	57.80	57.80	57.00	57.30	1.65	.98	2.94	56.04	
32	57.00	57.15	56.25	56.60	1.05	.99	2.97	55.71	
33	56.30	56.35	55.35	56.30	1.25	1.03	3.09	55.68	
34	56.20	56.60	56.05	56.60	.55	.96	2.88	55.56	
35	56.50	57.25	56.40	57.25	.85	.94	2.82	55.77	
36	57.25	57.50	57.00	57.00	.50	.88	2.64	55.83	
37	57.50	57.50	57.25	57.25	.25	.79	2.37	56.01	
38	57.00	57.15	56.50	56.60	.75	.78	2.34	56.28	
39	56.50	56.60	56.25	56.45	.35	.72	2.16	56.31	
40	56.50	56.90	56.45	56.90	.45	.68	2.04	56.49	
41	57.00	57.25	56.75	57.10	.50	.65	1.95	56.61	
42	57.40	57.60	57.00	57.40	.60	.64	1.92	56.70	
43	57.20	57.25	56.90	57.05	.50	.62	1.86	56.73	
44	57.25	58.00	57.25	57.95	.95	.67	2.01	56.75	
45	58.00	58.50	57.00	57.00	1.50	.79	2.37	56.64	
46	56.50	56.50	55.50	56.05	1.50	.89	2.67	56.22	S-56.05
47	56.00	56.35	55.75	55.85	.60	.85	2.55	58.72	
								58.40	

第3章 ボラティリティ

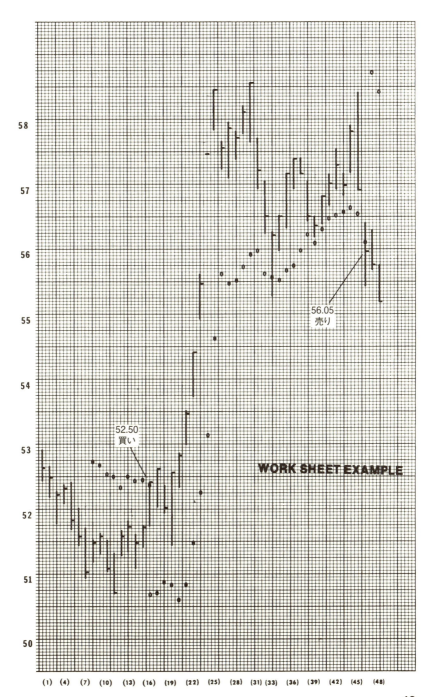

WORK SHEET EXAMPLE

56.05 売り

52.50 買い

ワークシートの計算方法

7日目
1～7日目のTR合計4.05を7で割った0.58と3.00の積が1.74。現在は下落相場なので、上昇に転じる点を探している。そこで最安値51.10に1.74を足した52.84が8日のSARになる。

8日目
ATRの公式を使い、前日のATRを6倍した値と今日のTRの0.50を足した3.98を7で割り、ATR0.57を算出する。この値と3.00の積である1.71に最安値の51.10を足すと、8日のSARは、52.81になる。この手順を続け、終値がSARを上抜けたら買いに転じる。

16日目
終値52.50がSARを上抜いたため、買いに転じる。取引時間終了後、ARCを計算し、トレード期間中の最高値（高SIC）、つまりこの日の終値52.50から引く。17日のSARは52.50－1.74＝50.76。

33日目
価格はSARを突き抜けたものの、終値はSARの上にあるため、買いのトレードは変わらない。ボラティリティが高くなると、その分SARが価格から離れ、ボラティリティが低くなるとトレンドと同じ方向に動いていることに注目してほしい。

46日目
終値がSARの下に来たため、56.05で売りに転じる。ARCを算出し、56.05を足すと、47日のSARは58.72になる。

次のページからのチャートは、ボラティリティシステムを実際のマーケットに適用したものである。ここからも分かるように、ボラティリティシステムは本書で取り上げたシステムのなかでもトレードの回数が少なく、長期売買用にデザインされている。また、第9章のCSI（銘柄選択指数）が高いマーケットで使うのにも適している。

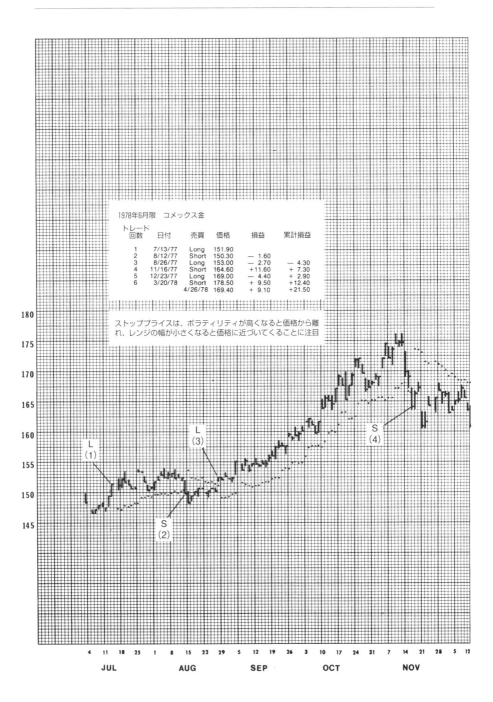

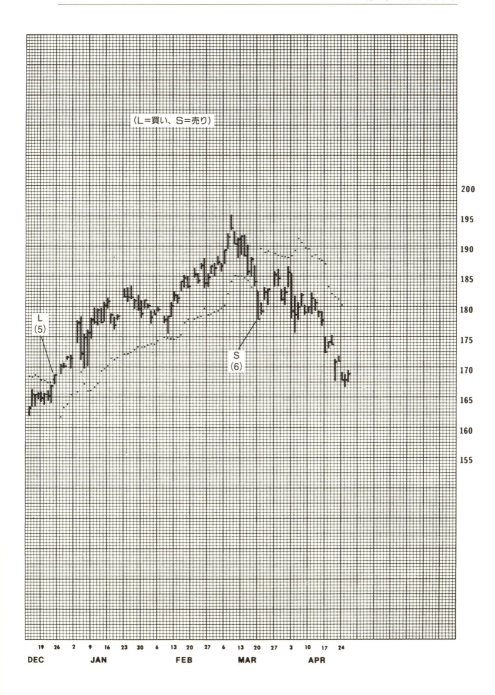

第3章 ボラティリティ

47

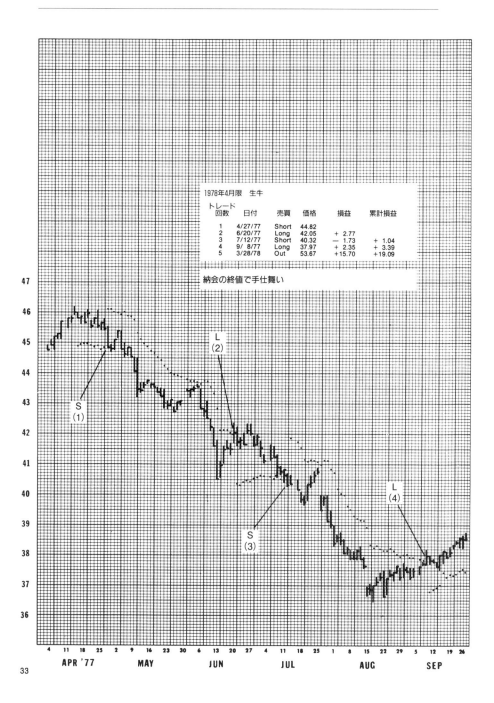

第3章 ボラティリティ

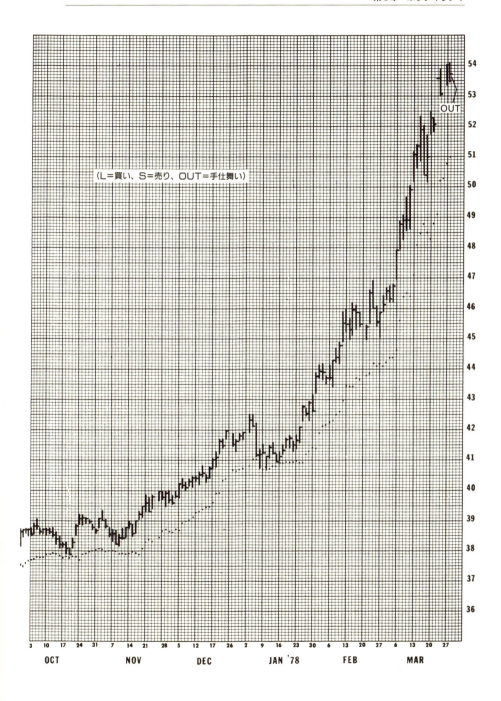

第4章 ディレクショナルムーブメント

Directional Movement

　ディレクショナルムーブメントは、筆者がこれまでで最も魅了された研究である。この概念を定義することは、虹の終わりを追いかけるのに少し似ている。そこに見えていて、存在していることは分かっているのに、近づけば近づくほどとらえどころがなくなるからである。これまで研究してきたなかで、最も時間をかけてきたこともあり、この概念を１つの数式で完全に表すことに成功した日は、今でも筆者にとって最も満足のいく成果を上げた日のひとつになっている。

　この概念はすべての商品や株式を、個別あるいは全体としてとらえ、その方向性を０から100までの数値に表そうとしたことから始まった。それができれば、トレンドフォロー型のトレーダーは、方向性の値が高いときだけトレードを行えばよいし、もしチョッピーでトレンドのないマーケット向けのシステムを使用しているのであれば、方向性の値が低いときだけトレードを行えばよいからである。また、方向性が上下等しくなる**均衡点**についても考えていこう。

　これまでテクニカルトレーディング・**システム**に関しては、多くの研究がなされている。しかし、それを実際に適用する**マーケット**を定義する研究はあまり行われていないため、ここではその方法について探っていくことにする。

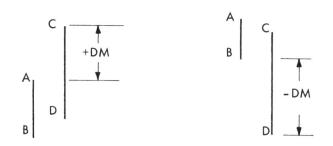

図4.1　　　　　図4.2

　最初に方向性の最小単位から始めたい。**図4.1**の価格の動きは、明らかに**上**を向いている。この**上**方向の動きの大きさはCとAの差で、言い換えれば、今日の高値から前日の高値を引いたものでもある。この差をプラスDM（PDM、＋DM）と呼ぶことにする。**上方**への動きの場合は、その高値だけを考え、安値同士の差、つまりBやDの点については考えなくてよい。

　図4.2では、価格の動きは**下**に向いている。この方向性はBとDの差で、前日の安値と今日の安値の差であるので、マイナスということになる。下方向の動きを見るときに考えるのは安値だけで、高値同士の差については考えなくてよい。安値の差はマイナスDM（MDM、－DM）と呼ぶことにする。

　次は「包み足」の場合を見てみよう。**図4.3**のケースはPDMのほうがMDMより大きいため、上方向の動きとする。価格の方向は必ず上か下を向く。つまり、両方向という考え方は、なしとするため、「包み足」の場合はDM幅が大きいほうをマーケットの方向として、小さいほうは無視する。この場合のDMは、CとAの間隔で、プラスの値になる。

　次は「はらみ足」のケースを考える。**図4.5**も**図4.6**もともに方向性はゼロになる。

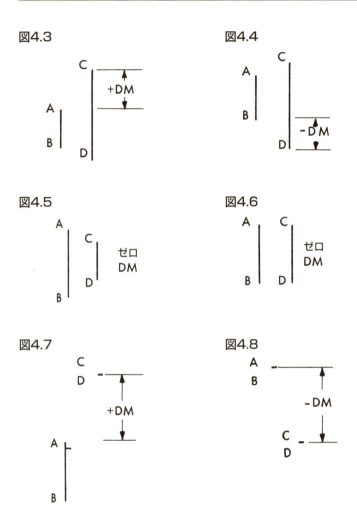

　反対に**図4.4**では、MDMがPDMより大きいため、価格の方向性はMDMになる。

　ストップ高の日の場合（**図4.7**）は、PDMはCからAを引いた値、ストップ安の日の場合は、MDMはDからBを引いた値になる。ここまでで、2日間の価格の方向性に関するすべてのパターンを見てきたことになるが、これを一言でまとめると次のようになる。

前日のレンジ（A－B）の外側にある今日のレンジの最大の部分（±DM）

もし今日の最大の部分が前日のレンジより**上**にあれば、DMはプラスになり、**下**にあればDMはマイナスになる。

さらに、DMがレンジの機能、つまりレンジに比例する値であれば、非常に役に立つ。レンジの単位はボラティリティインデックスの項で紹介した真のレンジ（TR）を使う。

TRは下のうち最大の値である。
1．今日の高値と安値の差
2．前日の終値から今日の高値の差
3．前日の終値から今日の安値の差

TRは必ずプラスの値（絶対値）とする。

DMをレンジに比例させるには、DMをTRで割ればよい。この値をディレクショナルインディケーター（DI）という。下の2つの式は、それぞれが1日のDIを表している。

$$+ DI_1 = \frac{PDM_1}{TR_1}$$

$$- DI_1 = \frac{MDM_1}{TR_1}$$

価格が**上昇**した日は、＋DI_1の式を、**下落**した日は、－DI_1の式を適用する。同じ日に**上昇**と**下落**の動きがあったとしても、必ずどちらか大きいほうの値を採用する。実際に、＋DIは上昇した日にTRのどのくらいの割合（％）を占めたか、また、－DIは下落した日にTRのどのくらいの割合（％）占めたかを表している。

DIは、一定期間分を合計することで、より役に立つ値になる。ここではその期間として、平均的なサイクルの半分に当たる14日間で計算することにする。まず、過去14日間の方向性（DM_1）と **TR** を調べる。次に、14日分のTRの合計であるTR_{14}、プラスDM_1（PDM_1）だけを足したPDM_{14}、マイナスDM_1（MDM_1）だけを足したMDM_{14}を算出する。

＋DI_{14}の公式

$$+ DI_{14} = \frac{PDM_{14}}{TR_{14}}$$

－DI_{14}の公式

$$- DI_{14} = \frac{MDM_{14}}{TR_{14}}$$

（MDMは、下方の動きを表す値であり、負の数のことではない）

　最初に14日分のPDM_{14}とMDM_{14}を算出すれば、その値と累積テクニックを使うことで、翌日以降は14日分のデータを保存する必要はない。累積テクニックの利点は、以下のとおり。
　１．14日分のデータを保存する必要がない
　２．DMの流れをスムーズにする

　このテクニックを使い、最新のPDM_{14}を計算する方法は、まず前日のPDM_{14}を14で割った値を前日のPDM_{14}から引き、この値にもし計算日のDMがプラスであれば、そのPDM_1を足す。

$$\text{今日の PDM}_{14} = \text{前日の PDM}_{14} - \frac{\text{前日の PDM}_{14}}{14} + \text{当日の PDM}_1$$

同様に、MDM_{14} の場合は、前日の MDM_{14} からその14分の1を引いた値に今日のDMがマイナスであれば、その絶対値を足す。

$$\text{今日の MDM}_{14} = \text{前日の MDM}_{14} - \frac{\text{前日の MDM}_{14}}{14} + \text{当日の MDM}_1$$

この計算では毎日、PDMとMDMからそれぞれの14分の1を引き、その代わりに計算日の DM_1 がマイナスならその絶対値を MDM_{14} に、プラスなら PDM_{14} にそれぞれ足していく。

これはTRの項で TR_{14} からその14分の1を引いて今日の TR_1 を足すことで新しい TR_{14} を求めたのと、同じ手順である。

$$\text{今日の TR}_{14} = \text{前日の TR}_{14} - \frac{\text{前日の TRM}_{14}}{14} + \text{当日の TR}_1$$

$+\text{DI}_{14}$ は過去14日間に**上**向きのTRが占める割合を、$-\text{DI}_{14}$ は**下**向きのTRが占める割合を表している。また、$+\text{DI}_{14}$ と $-\text{DI}_{14}$ は必ずプラスの値(絶対値)とする。

これまでの説明で不明な部分があったとしても、次のサンプルで、ここまでの内容を手順を追って復習すれば、理解できるだろう。その後は、$+\text{DI}_{14}$ と $-\text{DI}_{14}$ の使い方、さらに PDM_{14} と MDM_{14} の差で常に0から100の値を示すディレクショナルムーブメント・インデックスへと展開していく。まずワークシートのサンプルから見ていこう。

62ページのワークシートは1978年3月限のシカゴの小麦を追ったものである。初めの14日間から見ていくことにする。

列1〜5　日付、始値、高値、安値、終値
列6　　　TR(真のレンジ)

列7 　　　＋DM（PDM）
列8 　　　－DM（MDM）

　ここで1977年6月7日と16日にPDM$_1$とMDM$_1$の両方がゼロになっていることに注目してほしい。これは、両日ともはらみ足を形成しているからである。最初の14日間については、列6、列7、列8のみに記入し、14日目の取引終了後にそれぞれの列の**合計**を算出する。

　このケースでは14日目の取引終了後、この期間のTR$_1$の合計であるTR$_{14}$は41.00になる。また、列7の合計であるPDM$_{14}$は9.50、列8の合計であるMDM$_{14}$は14.00になる。

　次に15日目（6月21日）のTR$_{14}$、PDM$_{14}$、MDM$_{14}$を算出する。

$$\begin{aligned}
TR_{14}（今日） &= 前日のTR_{14} - \frac{前日のTR_{14}}{14} + TR_1 \\
&= 41.00 - \frac{41.00}{14} + 5.25 \\
&= 41.00 - 2.93 + 5.25 \\
&= 43.32
\end{aligned}$$

$$\begin{aligned}
PDM_{14}（今日） &= 前日のPDM_{14} - \frac{前日のPDM_{14}}{14} + PDM_1 \\
&= 9.50 - \frac{9.50}{14} + 0 \\
&= 9.50 - 0.68 + 0 \\
&= 8.82
\end{aligned}$$

$$\begin{aligned}
MDM_{14}（今日） &= 前日のMDM_{14} - \frac{前日のMDM_{14}}{14} + MDM_1 \\
&= 14.00 - \frac{14.00}{14} + 2.75 \\
&= 14.00 - 1.00 + 2.75
\end{aligned}$$

$$= 15.75$$

　上のそれぞれのケースでは、前日までの合計からその14分の1を引いて、今日の方向に合ったDM$_1$を足していく。TRの列には毎日数値が入っているが、15日目のPDMはゼロなので、MDMの2.75だけを足す。

　列9にはTR$_{14}$の43.32を記入

　列10にはPDM$_{14}$の8.82を記入

　列11にはMDM$_{14}$の15.75を記入

　次に、PDM$_{14}$（列10）をTR$_{14}$（列9）で割り、100倍したものを列12（＋DI$_{14}$）に記入する。

$$\frac{PDM_{14}}{TR_{14}} \times 100 = \frac{8.82}{43.32} \times 100 = 0.20 \times 100 = 20$$

　この20という値が＋DI（プラスディレクショナル・インディケーター）で、過去14日間のTRのうち、20％が<u>上</u>向きだったことを意味している。

$$\frac{MDM_{14}}{TR_{14}} \times 100 = \frac{15.75}{43.32} \times 100 = 0.36 \times 100 = 36$$

　MDM$_{14}$（列11）をTR$_{14}$（列9）で割り、100倍した36を列13（－DI$_{14}$）に記入する。この数字も＋DIと同様に、過去14日間のTRのうち、36％が<u>下</u>向きだったことを示している。

　ここまでの結果を分析すると、過去14日間のうちのTRの20％が上向きに、36％が下向きになっており、両方を足した56％に上または下という方向性があったことになる。逆に言えば、TR全体の44％には方向性がなかったといえる。

ここからが最も重要なポイントで、真のディレクショナルムーブメントは、実は＋DI_{14}と－DI_{14}の差を指している。これは非常に大事な概念である。**株や商品により明確な方向性があるときは、＋DI_{14}と－DI_{14}の差もより大きくなる。**方向性がプラスの日は、それを＋DI_{14}に**足し、**その分、－DI_{14}は**減る。**プラスの日が14日以上続けば、＋DIの値はさらに大きくなり、その反面、－DI_{14}はゼロに近づくため、プラスとマイナスの差はかなり大きくなる。逆に14日以上マイナスの日が続き、価格が下落していれば、－DI_{14}が**増え、**＋DI_{14}が**減る**ため、ここでも＋DI_{14}と－DI_{14}の値の差は大きくなる。

価格が横ばいのときは、＋DI_{14}と－DI_{14}の差は非常に小さくなり、これは価格の動きに**方向性がない**ことを示している。ディレクショナルムーブメントは日々のレンジに連動しているため、動きが非常に遅いマーケットでも高い値になる反面、変動の大きいマーケットでは低い値になる。

再びワークシートに戻ろう。＋DI_{14}と－DI_{14}の**差**（列12と列13の差）を算出し、列14（DIの差）に記入する。

列14は、DIの差（このケースでは16）

前述のとおり、プラスの方向性とマイナスの方向性の**合計**（＋DI_{14}と－DI_{14}の和）は、過去14日間にプラスまたはマイナスの方向性があるレンジの合計を表している。これを列15（DIの合計）に記入する。

列15は、列12と列13の**和**（このケースでは20＋36＝56）

ここで列16のディレクショナルムーブメント・インデックス（DX）を紹介する。この指数は、＋DI_{14}と－DI_{14}の**差**を、＋DI_{14}と－DI_{14}の**和**で割った値のことをいう。

列16は、このケースのDXで、16÷56を100倍した29

　この算出結果、つまりDXは必ず**0から100の間**の値になる。DXの値は、価格の動きが大きければ方向性が大きく、小さければ方向性が小さいことを意味している。ただ、この方向性が上か下かということと、**DXの値とは無関係である。**

　もし価格が14日以上連続して上昇したあと、今度は14日以上連続して下落した場合、DXの値は価格の折り返し点に近づくにつれ減り始め、下落期に入るとまた増え始める。これは**上昇**も**下落**もはっきりした方向性だからである。逆に価格が上昇から下落に転じるときには＋DI_{14}と－DI_{14}の**差**は**減少して**ゼロに向かったあと、また増え始める。これは価格が上昇すると＋DI_{14}の値が大きくなり、－DI_{14}は小さくなるが、折り返し点では2つの値が**均衡になり**、その後は反対に－DI_{14}が増え、＋DI_{14}が減って**差**が再び広がるからである。

　この動きをDXを使ってならしつつ、価格の動きが極度に**上昇**または**下落**していることも表すことができるようにするためには、DXの算出期間が＋DI_{14}や－DI_{14}の算出期間の2倍である必要がある。そこで、DXの14日間移動平均（ADX）を使うことにする。

　ここまでの内容がしっかりと理解できていれば、＋DI_{14}が－DI_{14}を上回ったときが買いのシグナルに、－DI_{14}が＋DI_{14}を上回ったときが売りのシグナルになることや、**ADXの数値**が最も高い5〜6種類の商品をトレードの対象にすればよいことは想像がつくだろう。それではこの項の最後のポイントに移る前に、これまでの説明を62ページのワークシートの16日目（6月22日）を使って、復習しよう。

第4章　ディレクショナルムーブメント

デイリーワークシート──ディレクショナル
ムーブメント・インデックス

	(1)日付	(2)始値	(3)高値	(4)安値	(5)終値	(6)TR$_1$	(7)+DM$_1$	(8)−DM$_1$	(9)TR$_{14}$	(10)+DM$_{14}$	(11)−DM$_{14}$	(10)÷(9) (12)+DI$_{14}$	(11)÷(9) (13)−DI$_{14}$	(12)−(13) (14)DIの差
1	6-1-77		274	272	272.75									
2	2		273.25	270.25	270.75	3.00	0	1.75						
3	3		272	269.75	270	2.25	0	.50						
4	6M		270.75	268	269.25	2.75	0	1.75						
5	7		270	269	269.75	1.00	0	0						
6	8		270.50	268	270	2.50	0	1.00						
7	9		268.50	266.50	266.50	3.50	0	1.50						
8	10		265.50	263	263.25	3.50	0	3.50						
9	13M		262.50	259	260.25	4.25	0	4.00						
10	14		263.50	260	263	3.50	1.00	0						
11	15		269.50	263	266.50	6.50	6.00	0						
12	16		267.25	265	267	2.25	0	0						
13	17		267.50	265.50	265.75	2.00	.25	0						
14	20M		269.75	266	268.50	2.25	0	0						
	TOTALS					41.00	9.50	14.00						
15	21		268.25	263.25	264.25	5.25	0	2.75	43.32	8.82	15.75	20	36	16
16	22		264	261.50	264	2.75	0	1.75	42.98	8.19	16.37	19	38	19
17	23		268	266.25	266.50	4.00	4.00	0	43.91	11.60	15.20	26	35	9
18	24		266	264.25	265.25	2.25	0	2.00	43.02	10.77	16.11	25	37	12
19	27M		274	267	273	8.75	8.00	0	48.70	18.00	14.96	37	31	6
20	28		277.50	273.50	276.75	4.50	3.50	0	49.72	20.21	13.89	41	28	13
21	29		277	272.50	273	4.50	0	1.00	50.67	18.77	13.90	37	27	10
22	30		272	269.50	270.25	3.50	0	3.00	50.55	17.43	15.91	34	31	4
23	7-1-77		267.75	264	266.75	6.25	0	5.50	53.19	16.18	20.27	30	38	8
24	5T		269.25	263	263	6.25	1.50	0	55.64	16.52	18.82	30	34	4
25	6		266	263.50	265.50	3.00	0	0	54.67	15.34	17.48	28	32	4
26	7		265	262	262.25	3.50	0	1.50	54.26	14.24	17.73	26	33	7
27	8		264.75	261.50	262.75	3.25	0	.50	53.63	13.22	16.96	25	32	7
28	11M		261	255.50	255.50	7.25	0	6.00	57.05	12.28	21.75	22	38	16
	TOTAL													
29	12		257.50	253	253	4.50	0	2.50	57.47	11.40	22.70	20	39	19
30	13		259	254	257.50	6.00	1.50	0	59.36	12.09	21.08	20	36	16
31	14		259.75	257.50	257.50	2.25	.75	0	57.37	11.98	19.57	21	34	13
32	15		257.25	250	250	7.50	0	7.50	60.77	11.12	25.67	18	42	24
33	18M		250	247	249.75	3.00	0	3.00	59.43	10.33	26.84	17	45	28
34	19		254.25	252.75	253.75	4.50	4.25	0	59.68	13.84	24.92	23	42	19
35	20		254	250.50	251.25	3.50	0	2.25	58.92	12.85	25.39	22	43	21
36	21		253.25	250.25	250.50	3.00	0	.25	57.71	11.93	23.83	21	44	20
37	22		253.25	251	253	2.75	0	0	56.31	11.08	22.13	20	39	19
38	25M		251.75	250.50	251.50	2.00	0	.50	54.82	10.29	21.05	19	38	19
39	26		253	249.50	250	3.50	1.25	0	54.46	10.80	19.55	20	36	16
40	27		251.50	245.25	245.75	6.25	0	4.25	56.76	10.05	22.40	18	39	21
41	28		246.25	240	242.75	6.25	0	5.25	58.96	9.31	26.05	16	44	28
42	29		244.25	241.25	243.50	3.00	0	0	57.75	8.64	24.19	15	42	27

第4章 ディレクショナルムーブメント

銘柄 *Chicago Wheat*   限月 *March 1978*

K ―――――

(12)+(13) (15) DIの合計	(14)÷(15) (16) DX	(17) ADX	アクションと注文	ADXR	ATR 14	CSI
56	29					
57	33					
61	15					
62	19					
68	9					
69	19					
64	16					
66	6					
68	12					
64	6					
60	7					
59	12					
57	12					
60	27					
	222	16				
59	32	17				
56	29	18				
55	24	18				
60	40	20				
62	45	22				
65	29	22				
65	32	23				
62	32	23				
59	32	24				
57	33	25				
56	28	25				
57	37	26				
60	47	27			22	4.21
57	47	29			23	4.13

ディレクショナルムーブメント・ワークシートの説明

16日目

列9に、TR_{14}の計算をするために、高値、安値、終値を記入し、**TR**の2.75とPDMの0、MDMの1.75を使う。

$$TR_{14} = 43.32 - \frac{43.32}{14} + 2.75$$
$$= 43.32 - 3.09 + 2.75$$
$$= 42.98$$

列10に、PDM_{14}の計算をする。

$$PDM_{14} = 8.82 - \frac{8.82}{14} + 0$$
$$= 8.82 - 0.63 + 0$$
$$= 8.19$$

列11に、MDM_{14}の計算をする。

$$MDM_{14} = 15.75 - \frac{15.75}{14} + 1.75$$
$$= 15.75 - 1.13 + 1.75$$
$$= 16.37$$

列12に、$+DI_{14}$の計算をする。列10を列9で割り、100倍する。

$$\frac{8.19}{42.98} \times 100 = 0.19 \times 100 = 19$$

列13に、$-DI_{14}$の計算をする。列11を列9で割り、100倍する。

$$\frac{16.37}{42.98} \times 100 = 0.38 \times 100 = 38$$

列14に、列12と列13の**差**（DIの差）の絶対値を記入する。
38 − 19 = 19

列15に、列12と列13の**合計**を記入する。
38 + 19 = 57

列16は、列14を列15で割り、100倍する。

$$DX = \frac{19}{57} \times 100 = 0.33 \times 100 = 33 \quad \text{この値がDXである。}$$

　この手順を次の14日分繰り返せば、しっかり身につくはずである。そして28日目（1977年7月11日）になるとADXを算出するのに必要なデータがそろう。

　28日目（7月11日）のADXは、過去14日間の列16（DX）の和を14で割り、100倍し、16になる。29日目（7月12日）のADXは14日分の合計を計算しなくても平均値があるので、移動平均の公式に当てはめればよい。前日のADXを13倍し、今日のDXを足し、それを14で割る。

$$今日のADX = \frac{(前日のADX) \times 13 + (今日のDX)}{14}$$

$$= \frac{(16 \times 13) + 32}{14}$$

$$= \frac{208 + 32}{14}$$

$$= 17.14 \text{（四捨五入して17）}$$

答えの17を列17に記入する。計算自体は簡単なので、この手順に従えばすぐに覚えられるはずである。この方法の利点は一度、ADXを算出すれば、それ以降は前日のデータだけ保存すればよいので、2週間も続ければ1～2分で1日分のデータを書きとめ、電卓で計算できるようになることである。

　以上で、ディレクショナルムーブメント・インデックスに必要なことはすべて説明した。だが、ワークシートにはまだ列が3つ残っている。

ADXR　　　　ADXレーティング
ATR_{14}　　　　TRの14日間平均
CSI　　　　銘柄選択指数

　これらは第9章で取り上げるCSI（銘柄選択指数）で使用する項目だが、今回のワークシートにはCSI算出に必要な情報の大部分が含まれているため、これらの列も用意してある。

　ここでADXRとATR_{14}について少し述べたい。ADXRは商品、通貨、株式など、すべての方向性を評価する際に使う最終的な数値で、当日のADXと14日前のADXを足して2で割るという簡単な方法で算出できる。

$$ADXR = \frac{ADX_{当日} + ADX_{14日前}}{2}$$

　ADXRは、DXをさらにならしたものなので、DXに連動してはいるが、それと同時にDXが反転するときには変動幅を最低限に抑えるようにもなっている。

　ADXRをグラフにすると、ADXに対し正弦曲線（サイン波）を描く。

　曲線の幅はゼロからの高さで測る。ADX曲線の山と谷は、価格の方

図4.10

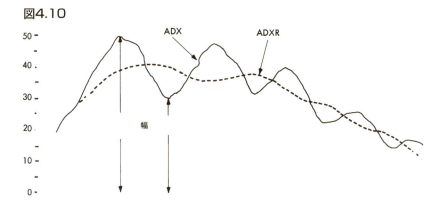

向が転換したことを表している。もし長期トレンドが下落しているときは、曲線の山が価格の安値、谷が価格の高値になる。反対に長期トレンドが上昇しているときには、曲線の山が価格の高値、谷が安値になる。

　幅が大きいと、上か下かは別としてトレンドの動きが大きいということで、山と谷の差が大きいと、そのトレンドに対する反動も大きいということになる。もしこの反動の期間も距離も大きければ、どちらの方向に価格が動いてもトレンドフォロー型システムの利益性は高くなる。

　ADXRが十分に方向性を示すと同時に、DXの均衡点ではあまり大きく変動しないのは、ADXの14日分の差の平均を用いているからである。

　方向性の概念は、それほど簡単に理解できるものではない。なぜなら価格の方向は、単純に上昇あるいは下落するものではないからである。それどころか＋DI_{14}と－DI_{14}が同じ値になる均衡点を超えて上下する場合もあり、それをならして計測するのがADXの目的だともいえる。

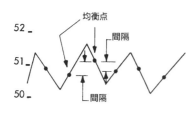

図4.11

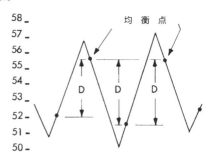

図4.12

　ここでいくつかのパターンを見ていこう。

　図4.11は、ADXの値が小さいケースである。このグラフの上下動は、価格変動を表している。また、均衡点と均衡点の間隔は比較的小さい。

　図4.12では、均衡点と均衡点の間隔が大きいため、ADXも大きい値になる。

　図4.13で均衡点に達したのは下方に向かう一度だけなので、ADXはまだ大きい値を示している。図4.14は正反対のケースである。

　均衡点BとCの間隔はゼロなので、もしBで買いCで売った場合、収支はトントンになるが、Eで売ってFで買い戻せば損失になる。EとFには間隔があるので、そこには方向性がある。

　ADXRが20より小さいとき、価格が上か下かにこれから動く可能性があることを示唆しており、ADXRが25より大きいと均衡点の間隔は広がる。また、DXが14日間のなかで高いほうにあるとき、均衡点はB、D、Fのように次の上昇スイングの半ばではなく、価格の転換点の直後に来ることになる。

　この概念そのものや、チャート上の＋DI_{14}、－DI_{14}、ADXなどの線が交差する点を研究することで多くのことが分かる。そのなかで比較

図4.13 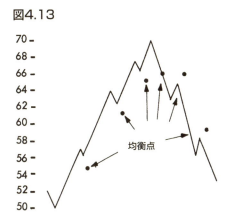 図4.14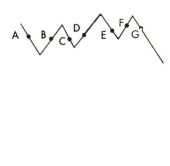

的簡単なものを、次のディレクショナルムーブメント・システムのあとで紹介する。

　再びワークシートに戻り、41日目のADXの値である27と14日前のADXの値である16を足して2で割った最初のADXRである22を記入する。

$$ADXR = (27 + 16) \div 2 = 43 \div 2 = 21.5 \quad (四捨五入して22)$$

ATR_{14}は、TR_{14}を14で割った平均値である。
$ATR_{14} = 58.96 \div 14 = 4.21$

CSIと定数Kについては、第9章で説明する。

ディレクショナルムーブメント・システム

このシステム自体はいたって簡単である。＋DI_{14}が－DI_{14}を上抜いたときが買いシグナルで、－DI_{14}が＋DI_{14}を上抜いたときが売りシグナルになる。このシステムは、CSI（銘柄選択指数）の数値が**高い**マーケットで使用するとき、最も良い成果を上げることができる。

また、ADXRの値が25より大きい商品に対し、利益率が高いことも覚えておくとよい。ADXRが20以下のマーケットは、トレンドフォロー型システムには適していない。本書で取り上げたシステムのなかでいうと、ADXRが20〜25より小さいときに有効なシステムは、**トレンド・バランス・ポイント・システム**と**リアクショントレンド・システム**の2つだけということになる。

ディレクショナルムーブメント・システムにはもうひとつ、＋DI_{14}と－DI_{14}が交差した日の極大値を転換点にするという極大値ルールというものがある。

もし現在、買いのトレードならば、転換点は2つのDIが交差した日の**安値**になり、売りトレードならば、転換点は2つのDIが交差した日の**高値**になる。つまり、ストップポイントで手仕舞わないかぎり、ポジションに反してDIが数日間交差したままでも、転換ポイントは変えないということになる。

研究を進めるうちに、筆者はディレクショナルムーブメント・システムが示す均衡点が、マーケットが反転する・反転しないにかかわらず、重要なポイントであることに気づいた。DIが交差した日の極大値が再び抜かれることなく、マーケットがオープンポジションに戻ることがしばしばあるのである。

このシステムの記入方法と反転ルールは簡単なので、ワークシートの例は省略する。その代わり、チャート上で＋DI_{14}や－DI_{14}、ADXの線が交差するときの重要なポイントについて述べたい。

例えば、前述した1978年3月限の小麦チャートの場合、7月と8月は下落トレンドだった。$-DI_{14}$は$+DI_{14}$の上にあり、その間隔は比較的大きい。また、ADXは上昇しており、これが$-DI_{14}$を上抜いたとき、転換点になっている。理由は、$-DI_{14}$が減り始めていても$+DI_{14}$も減っているため、ADXが増えているだけで、2つのDIの間隔は結局、大きいままだからである。転換点は、ADXが両方のDI$_{14}$を**上抜き**、最初に下落に転じるのと同じタイミングになることも多い。

このチャートでは、ADXが2つのDIを**上抜き**、ADXが下落に転じたのが、価格が底を打った2日後になっている。また、次にADXが両方のDIを**上抜いた**あとで下落に転じるのは、反転以降の最初の山である10月4日の3日後、その次に(再度、DIを両方とも**上抜いて**)下落に転じるのは、11月21日の天井の翌日だった。

ここで、このシグナルが長期トレンドの**方向**の適当な場所にしか現れず、現れれば利益を上げる良い機会であることが多いことに注目してほしい。また、このシグナルは、長期トレンドに追従するのであれば、利食いよりも良い買いポイントとして見ることもできる。そうでない場合は一度ここで手仕舞い、次のDIが交差するときの方向か、ADXが上向きに転じたときにトレードを再開してもまったく問題はない。

変動の激しいブル(強気)マーケットが崩壊寸前になると、ADXは2つのDIより上のレベルで一度下落してから上昇することがある。このようなケースでは、もう一度これらの線が交差するのを待つのが普通だが、何種類かのトレードを同時に行っている場合には、ADXが2つのDIより上で、一度下がったときが多少利食うチャンスでもある。

反対に、ADXが2つのDIより**下**になったときは、少なくともトレンドフォロー型システムのトレードをやめるシグナルになっており、これも興味深い。

ここで極大値ルールのサンプルを見てみよう。10月13日に$+DI_{14}$が

－DI_{14}を下抜いて買いのポジションを反転するシグナルが出た。そこで、この日の安値251.50にストッププライスを置く。ところが実際にはここに一度も達しないまま、10月21日には＋DI_{14}と－DI_{14}が再度等しくなったものの交差はせず、次のシグナルも出ていない。

　1月23日には、＋DI_{14}が－DI_{14}を再び上抜いたが、この日の高値は抜けなかったため売りのトレードは変えない。

　このサンプルで指摘したポイントに注意して、ほかのチャートも分析してみてほしい。またそのときに、このシステムが価格の大きな動きに合わせながら、時には反転せずに反動で重要ポイントを示すことや、長期トレンドが変わらない場合にはポジションを素早く修正することにも注目してほしい。

　ディレクショナルムーブメントの概念やその応用の仕方が簡単に理解できるものではないことは、筆者にも分かっている。それでもこれを追求する価値があるのは、このシステムが最適なトレードの仕掛けや手仕舞いポイントを示すばかりでなく、現在のマーケットが特定のシステムに適しているかどうかまで教えてくれるからである。

　＋DI_{14}と－DI_{14}はこれ以外にも、トレーダーが通常使用しているシステムのバックアップとして利用したり、ADXが2つのDIを上抜いたあと、下落に転じる点を底や天井の早期シグナルとして併用することもできる。例えば、長期運用のトレーダーがある商品の下落相場を数カ月間観察したあと、買いのタイミングをうかがっているとする。そこでこのシステムを使えば、ADXが下落に転じるのが底に近づいている早期シグナル、さらに、＋DI_{14}が－DI_{14}を上抜いたら、その裏付けとして、判断の目安にすることができる。

　ADXは本書で取り上げたほかのシステムや、トレーダーが独自に使用しているシステムのトレンド指数として使用することもできる。＋DI_{14}が－DI_{14}を上抜いたときは買いに徹し、－DI_{14}が＋DI_{14}を上抜いたときは売りに徹するシグナルとして使えばよいのである。

システムが使いやすいかどうかはトレーダーによって違うので、本書では各システムの難易度については評価していない。ただ、真剣に利益を上げたいと考えているトレーダーにとって、この章だけでも本書の価格の何倍もの価値があるということだけは記しておきたい。
　この章はCSI（銘柄選択指数）と密接な関係があるため、ここから直接第9章に進むのもひとつの方法である。

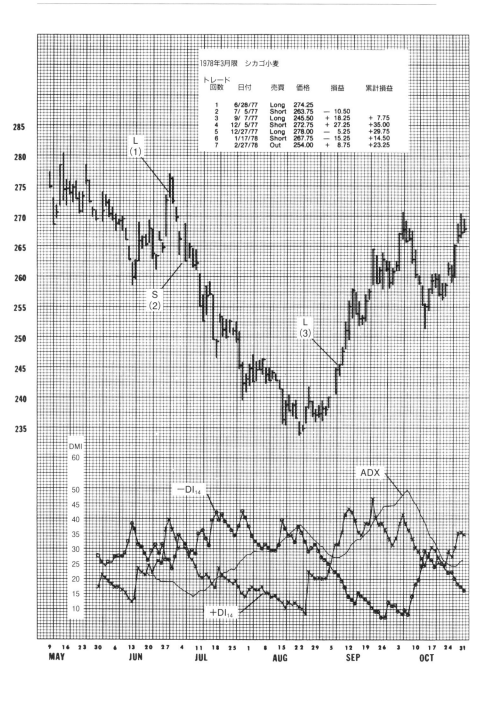

第4章 ディレクショナルムーブメント

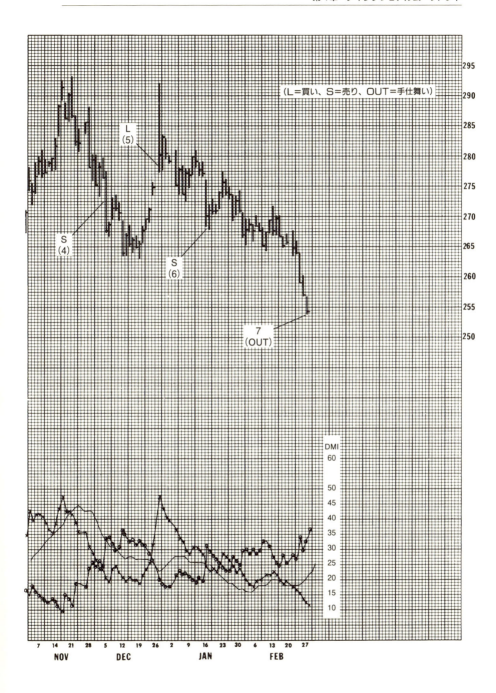

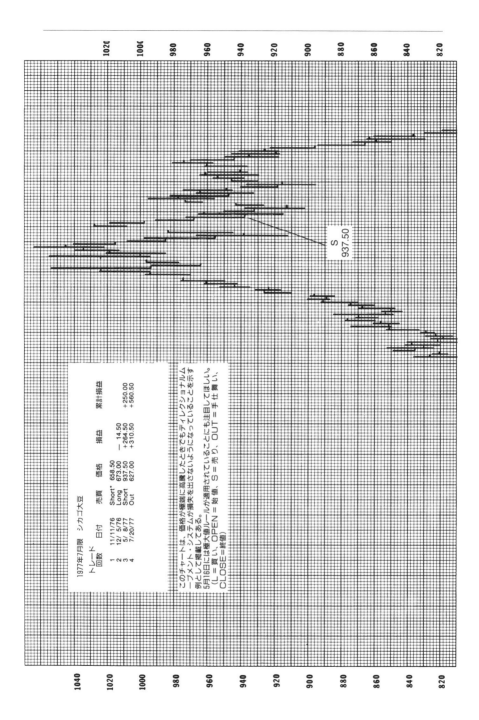

第4章 ディレクショナルムーブメント

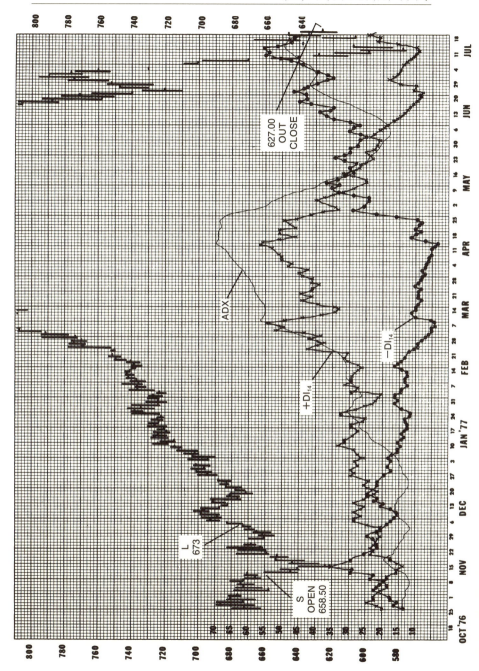

第5章 モメンタムの概念

The Momentum Concept

　モメンタムは、テクニカルトレードにおいて最も役に立つ概念のひとつではあるが、同時に多くのトレーダーには最も理解しにくい概念でもある。後者の場合、これをマーケットの動きの加速と減速にたとえて考えるのもひとつの方法だろう。

　この章では、上昇モメンタム（加速）を「プラス」、下降モメンタム（減速）を「マイナス」と呼ぶことにする。まず、モメンタムのサンプルから見てみよう。

　今回はポークベリーを使用して説明しよう。もし終値で見て、前日比で1セント上昇するという日が5日間連続しても加速はゼロである。反対に、前日比で1セント下落するという日が5日間連続しても減速はゼロである。それではまず、加速のケースから始めよう。

　モメンタムの大きさ、つまりモメンタムファクター（MF）がゼロより**大きく**なるためには、終値が前日比1セントを**上回る**必要がある。もし6日目の終値が前日比1.5セント上昇して引けるなら、プラスMFで6日目は加速したという。また、7日目もプラスであるためには終値が前日比1.5セントを上回る必要がある。これがもし前日比1.5セントちょうどの上昇であれば、7日目のMFは再びゼロに戻る。ところがその翌日の終値が1.25セントの上昇ならば減速、つまりマイナスMFと

図5.1

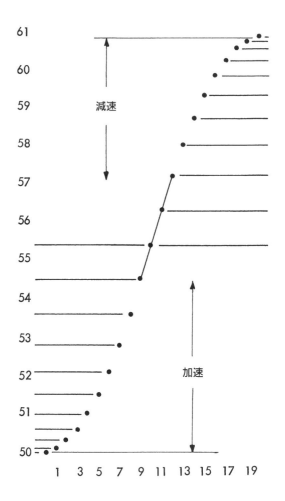

いうことになる。

図5.1は、株、または商品の終値の動きを表している。ここで注目しなければならないのは、1日目〜9日目の終値がその前日の終値と比べて**上回っている**ばかりではなく、前日の終値と今日の終値の差も一昨日の終値と前日の終値の差を上回っていることである。これが、1

日目～9日目の価格が加速しているということであり、プラスMFになっているということである。ところが10日目～12日目は価格の動きが曲線から直線、つまり加速も減速もしていない状態に変わっている。言い換えれば、この期間の終値の差は一定で、9日目～12日目のMFはゼロということになる。

13日目～20日目になると、終値で見ると前日を上回ってはいるものの、その差は前日の差より小さくなっており、減速、つまりMFはマイナスに変わっている。

TBPシステム

モメンタムシステムは、先に述べた概念の独特な使い方で、取引回数が多いことを好むトレーダーやブローカーに向いているシステムだと言える。通常の取引回数は1週間に3～5回で、少額だが一定の利益を上げることができるため、結果的には大部分のテクニカルシステムに比べ、売買の勝率もかなり高くなっている。

このシステムの特徴は、①終値のみを使いMFを計算すること、②目標値に達すると利食いをするため真のドテンシステムとはいえないこと、③MFが売買のシグナルになっていること——などが挙げられる。

まず、次ページのMFの計算方法から見ていこう。**MFは今日の終値から2日前の終値を引いた差のことで、今日から2日前を引く**という順番を間違えないようにしてほしい。算出結果はプラスになることもマイナスになることもある。

日	終値	MF
1	49.25	
2	49.75	
3	50.25	+1.00
4	50.75	+1.00
5	51.10	+0.85
6	50.75	0.00
7	51.00	−0.10
8	49.75	−1.00
9	49.25	−1.75
10	49.50	−0.25

　この例の最初のMFは、50.25（3日目）から49.25（1日目）を引いて求めた。同様に2日目のMFは、4日目から2日目を引き、3日目のMFは、5日目から3日目を引いて求めた。

　さらに、7日目は、51.00−51.10＝−0.10、9日目は、49.25−51.00＝−1.75になった。

　このことをグラフで表したのが**図5.2**と**図5.3**である。

図5.2（加速の例）　　　図5.3（減速の例）

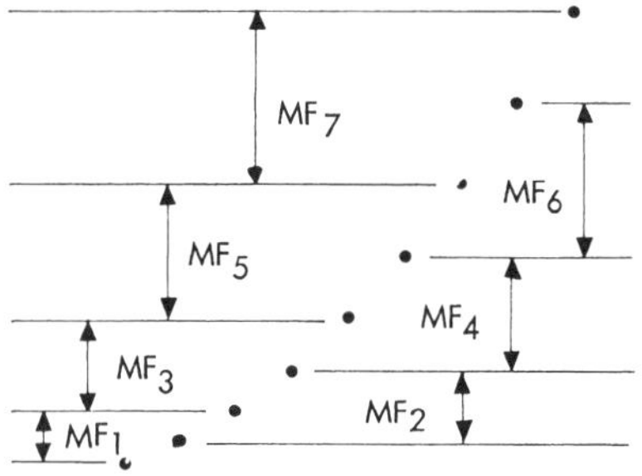

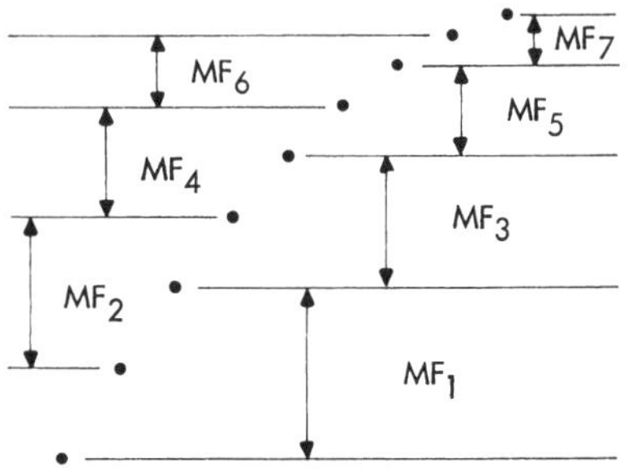

日々のMFの算出方法が分かったので、次はトレードの概要と具体的な手順を説明する。

基本の手順

①もし今日のMFが過去2日間のMFの**どちらか**よりも大きい値であれば、今日の終値で買う。
②もし今日のMFが過去2日間のMFの**両方**よりも小さい値であれば、今日の終値で売る。
③目標値で利食い、ドテンはしない。
④ストッププライスに達したら手仕舞う。ドテンはしない。
⑤目標値、あるいはストッププライスで**手仕舞った**あとは、①か②に従い、トレードを再開する。

これを先の例に当てはめると、下のようになる。

日	終値	MF	ポジション	価格
1	49.25			
2	49.75			
3	50.25	+1.00		
4	50.75	+1.00		
5	51.10	+0.85	売り	51.10
6	50.75	0.00		
7	51.00	−0.10		
8	49.75	−1.00		
9	49.25	−1.75		
10	49.50	−0.25	買い	49.50

5日目のMFである+0.85が過去2日間のMFを両方とも下回る値なので、この日の終値で売る。もし5日目のMFが過去2日間のうち1

日だけを下回っていれば、売りのシグナルは出ない。**売りシグナルは、MFが過去2日間とも下回らなければならない**。売りのポジションができたところで、利食いの目標値を算出するのだが、その前に仕掛けの説明を続けよう。

　もしここまでの説明がしっかり理解できていたら、サンプル5日目で、「MFの算出に終値が必要なのに、なぜ終値の51.10で売ることができるのか？」という疑問を持つはずである。この質問は的を射ている。実はこの日（5日目）の手仕舞い前、いやそれどころか、仕掛ける前に1.00未満のMFに必要な価格は分かっており、そのときに使用したのがトレンド・バランス・ポイント（TBP）である。

　5日目のMFは5日目から3日目の終値を引いて求めるため、5日目の終値が51.25ならば、MFが＋1.00になることはすぐに分かる。もし終値が51.25よりも下ならば、MFは＋1.00よりも小さく、上ならば＋1.00より大きくなる。終値がちょうど51.25なら、MFは＋1.00なので、51.25はこの場合、重要なポイントになっている。そこで、このような価格をトレンド・バランス・ポイント（TBP）と呼ぶことにする。

TBPの定義
- 買いトレードの場合──TBPは売りトレードに転換するために**下**回らなくてはならない価格
- 売りトレードの場合──TBPは買いトレードに転換するために**上**回らなくてはならない価格

先の例にTBPを加えると、下のようになる。

日	終値	MF	TBP	トレード	価格
1	49.25				
2	49.75				
3	50.25	+1.00			
4	50.75	+1.00			
5	51.10	+0.85	51.25	売り	51.10
6	50.75	0.00	51.75		
7	51.00	−0.10	51.95		
8	49.75	−1.00	50.75		
9	49.25	−1.75	50.90		
10	49.50	−0.25	48.75	買い	49.50
11			47.50		

　5日目のTBPは51.25だったので、51.10の終値で売りに転じ、取引終了後に翌日のTBPを算出した。このときの式は、翌日のMFが1.00を超えない上限を算出するためのものだが、この場合は売りのトレードであることから、MFは過去2日間とも上回らなくてはならない。そこで+1.00と+0.85の**大きいほう**である+1.00を4日目の終値に足し、6日目のTBPを、51.75と算出した。

　同様に、6日目は過去2日間のMFが+0.85と0.00なので、大きいほうの+0.85を5日目の終値である51.10に足し、7日目のTBPは51.95。7日目の過去2日間のMFが0.00と−0.10なので、**大きいほうの0.00**を6日目の終値である50.75に足し、8日目のTBPは50.75。8日目は過去2日間のMFのうち、大きいほうの−0.10を7日目の終値である51.00に足し、9日目のTBPは50.90。

　10日目は売りのトレードを目標値で利食い、この日の終値で再びトレードを開始する。問題は、このときに売りと買いのどちらから入るかということなのだが、このときすでにTBPの48.75を算出してあるの

で、終値が48.75より**上**ならば買い、48.75より**下**であれば売る。もし終値が48.75**ちょうど**であれば今までと同じ売りのポジションになる。このことからも分かるように、終値とTBPが同じになったときはトレンドの方向は変わらず、それまでと同じポジションで取引を続けることになる。

　ここでも、-0.25が過去2日間のMFである-1.00と-1.75より大きい値であることに気をつけてほしい（負の数が分かりにくければ、-25°は-100°や-175°より高温だと考えると分かりやすい）。

　今度は買いのトレードに変わり、終値がいくらならばMFが過去2日間のMFを**下回る**かを考える。そこで、過去2日間のMFの**小さいほう**を2日前の終値に足し、翌日のTBPを算出する。

　11日目は、過去2日間のMFが-1.75と-0.25なので、小さいほうの-1.75と49.25を足して、TBPは47.50、つまり10日目の取引が終わった時点で、11日目には終値が47.50を**下回れば**売りトレードに転換し、そうでなければ買いトレードを維持するという見通しが立ったことになる。

　ここでTBPの算出方法を復習しておこう。
1．買いトレードに転換する場合——翌日のTBPは過去2日間のMFの**小さいほう**を前日の終値に足す。
2．売りトレードに転換する場合——翌日のTBPは過去2日間のMFの**大きいほう**を前日の終値に足す。
　注＝過去2日間のMFとは、今日と前日のMFを指す。

このように考えると、TBPは簡単に計算できるはずである。

プロテクティブストップ

　ここまでの説明で、トレードの開始と手仕舞いのタイミングは分か

ったと思う。しかし、このシステムでは終値で仕掛けるため、翌日の相場が極端な動きになったり、現在のポジションと反対のストップ高やストップ安に張りついて動きが取れなくなった場合に備え、**プロテクティブストップ（損切りの逆指値）** を置く必要がある。このストッププライスもシステムのもとになっているモメンタムの概念に沿ったものでなくてはならない。

このシステムのストッププライスは、真のレンジ（TR）と平均価格（$\overline{X}$）の関数、$\overline{X} \pm$ TRで、もし買いトレードならば$\overline{X}$ − TR、売りトレードなら$\overline{X}$ + TRになる。$\overline{X}$は高値、安値、終値の単純平均なので、3つを足して、3で割れば算出できる。

TRは第3章で説明した1日のTRで、下のうち**最大の値**を指す。
1．今日の高値と安値の差
2．前日の終値と今日の高値の差
3．前日の終値と今日の安値の差

下のサンプルは、2日間のトレード結果を表している。

	高値	安値	終値
1日目	50.00	49.00	49.10
2日目（今日）	50.20	49.40	49.90

TRの定義により、3つの値は以下のようになる。
1．今日の高値と安値の差＝0.80
2．前日の終値と今日の高値の差＝1.10
3．前日の終値と今日の安値の差＝0.30
上のなかで最大の値がTRなので、TR＝1.10。

$\overline{X}$の定義により、売りと買いのストップは以下のようになる。
$\overline{X}$ ＝（50.20＋49.40＋49.90）÷3＝149.50÷3＝49.83

もし買いトレードならば、ストップは、$\overline{X}$ − TR ＝ 49.83 − 1.10 ＝ 48.73
もし売りトレードならば、ストップは、$\overline{X}$ ＋ TR ＝ 49.83 ＋ 1.10 ＝ 50.93

ストッププライスは取引終了後に最新の高値、安値、終値を使って算出し、**翌日**に使用する。

目標値

このシステムの目標値は、前出の平均値$\overline{X}$と極大値の関数になる。もし買いトレードなら、目標値の公式は$2\overline{X}$ − L（L＝安値）、売りトレードなら$2\overline{X}$ − H（H＝高値）になる。これを下の取引日について見てみよう。

	高値	安値	終値
1日目	50.00	49.00	49.10
2日目（今日）	50.20	49.40	49.90

買いトレードの場合の3日目の目標値は、以下のとおり。

$\overline{X}$ ＝ 49.83
T ＝ $2\overline{X}$ − L
　＝ 2 × 49.83 − 49.40
　＝ 99.66 − 49.40
　＝ 50.26

売りトレードの場合の３日目の目標値は、以下のとおり。

$$T = 2\bar{X} - H$$
$$= 2 \times 49.83 - 50.20$$
$$= 99.66 - 50.20$$
$$= 49.46$$

目標値は取引終了後に最近の高値、安値、終値を使って算出し、**翌日**に使用する。目標値だけでなく、ストッププライス、TBPも翌日のために計算するものなので、この３つの値はワークシートの翌日の行に記入する。

ここまでの要点をまとめると、次のようになる。

● 新しいトレードはMFに従い、必ず終値から始め、目標値で手仕舞い、ドテンはしない。
● もし取引時間中に目標値に達して手仕舞ったときは、TBPに従い、終値で再開する。
● このときの手仕舞いしたトレードを継続するか、ドテンするかは終値とTBPを比較することによって、知ることができる。

次にTBPシステムの定義とルールをまとめてある。

TBPシステムの定義

TR（真のレンジ）は、下のうちの最大の値
1. 今日の高値と安値の差
2. 前日の終値と今日の高値の差
3. 前日の終値と今日の安値の差

MF（モメンタムファクター）
今日の終値－2日前の終値

$\overline{X}$
（今日の高値＋今日の安値＋今日の終値）÷3

TBP
1. 買いトレードならば、終値が下回れば売りに反転するシグナル
2. 売りトレードならば、終値が上回れば買いに反転するシグナル

ストッププライス（損切りの逆指値。ドテンはしない）
1. 買いトレードならば、$\overline{X} - TR$
2. 売りトレードならば、$\overline{X} + TR$

T（目標値のことで、手仕舞うポイント。ドテンはしない）
1. 買いトレードならば、$T = 2\overline{X} - L$ （L＝安値）
2. 売りトレードならば、$T = 2\overline{X} - H$ （H＝高値）

TBPシステムのルール

最初の仕掛け
1．終値がTBPよりも上ならば、終値で買う
2．終値がTBPよりも下ならば、終値で売る

ドテン（目標値またはストップには達していない場合）
1．終値がTBPよりも上ならば、終値で売りから買いにドテン
2．終値がTBPよりも下ならば、終値で買いから売りにドテン

手仕舞い
1．目標値で手仕舞う。ドテンはしない。
2．ストッププライスで手仕舞う。ドテンはしない。

再仕掛け
ストップまたは目標値で手仕舞ったあとは、終値とTBPを比較して終値から再開する。

翌日のTBPの算出
1．買いトレードならば、前日の終値に今日と前日のMFの小さいほうを足す。
2．売りトレードならば、前日の終値に今日と前日のMFの大きいほうを足す。

このシステムの別の使い方として、該当日の終値からトレードを始めるのではなく、その翌日の**始値**から始める方法もある。筆者の経験から言えば、終値から始めるほうが結果は良くなるが、ポジションを翌日に持ち越すリスクを避けたいトレーダーや、デイトレードで手数料を節約したいトレーダーの場合は、始値から開始するほうが良い場合もあり得る。そのときはトレーダーの都合に合うようにシステムを調整しても問題はない。また、トレードの対象としている商品に関するFDA（米食品医薬品局）などの主要報告書が発表される日には、始値からトレードを開始するのも良い方法である。

　次に、このシステムの特徴を簡単に述べておこう。多くのシステムが、価格に対してストッププライスを比較的近くに置き、目標値を離して設定している場合が多いのに対し、このシステムではその逆、つまり目標値が近く、ストッププライスは遠くに置いている。これは非常に珍しいシステムではあるが、同時に面白い概念でもある。このシステムでは、MFがモメンタムの方向から外れないための外堀になっているため、離れたストッププライスに達するよりも比較的近い目標値に達しやすくなっている。これはトレーダーにとって絶対に有利である。また、TBPはストッププライスの役割も兼ねており、もしマーケットが現在のポジションと反対の動きをすれば、たいていの場合は本当のストッププライスに達するよりもかなり前に、終値とTBPの比較によってドテンすることになる。ストッププライスが近いため、頻繁に手仕舞わなければならないシステムに不満を感じた経験を持つトレーダーも多いと思うが、少額の損切りでもたび重なることで、結局はたまに得られる大きな利益を損なうどころか、時には超えてしまうことにもなりかねない。それに比べ、このシステムは、70%～80%の利益を上げることも珍しくはないという優れたものである。

　トレーダーによっては、システムに従って売買を繰り返すことに耐えられず、良いシステムであってもそれを使い続けることができなか

ったり、利益を出すことよりも売買の勝率を上げることのほうを重要視する場合がある。もし長期的に利益が上がり、自分に合っていると思えるシステムをすでに見つけているのならば、それを使い続ければよい。しかし、それが見つかるまでの間もトレードである程度の利益を上げたいのであれば、このシステムを使うメリットはいくつもある。

同じシステムを別のトレーダーも使っていることについては、あまり気にする必要はない。たいていの場合、目標値に行きつく。たとえ目標値に多数の注文が集中した結果、マーケットがストッププライスを突破したとしても、そこで生じるズレは、おそらくトレーダーに有利になっているので問題にはならない。

そのうえ、マーケットには常時かなりの数の「終値のみ」の注文が存在しており、それが多少増えたとしても大きな影響はない。

ストッププライスに達することはめったにないが、念のため注文が一カ所に集中しないように、TRに0.90～1.00の特定の値を掛けた独自のTRを使い、ストッププライスを算出することも可能である。

次は1978年3月限の合板のワークシートを見ていこう。

ワークシートの説明

77年8月19日
終値の210.80がTBPの217.20より下なので、終値で売る。

77年8月22日
終値はTBPの214.50より下のままで、目標値の208.54にも達していないため、ポジションはそのまま。

77年8月23日
目標値の208.00で利食う。終値がTBPの209.80より下なので、終値で売って、再仕掛け。

77年8月24日
目標値の200.50で利食う。終値はまだTBPより下なので、再び終値で売って、再開。

77年8月25日
目標値に達し、197.80で利食う。終値の196.30はTBPより上なので、終値で買う。

77年8月26日
目標値の200.86（実際には200.90）で利食う。TBPより上にある終値で買って、再開。

77年8月29日
目標値の202.66（実際には202.70）で利食う。終値で買って、再開。しばらく単調な取引が続いたので、損切りのケースになった。

77年9月1日
終値の202.30がTBPより下なので、終値で売って、再開。

77年9月2日
目標値にもストップにも達していないが、終値がTBPより下なので、売りトレードを継続。

77年9月6日
目標値にもストップにも達していないが、終値がTBPを超えたため、終値の205.50で買いトレードに転じる。

77年9月7日
目標値の206.66に達したため、再び利食う。終値の208.50で買って、再開。

デイリーワークシート──TBPシステム

日付	始値	高値	安値	終値	MF	TR	$\overline{X}$	TBP	$\overline{X}-TR$ 買いのストップ
8.15 77M	206.50	207.80	206.20	206.80					
16	206.80	208	206.30	206.50		1.70			
17	208.40	212.50	208.40	212.	+5.20	6.00			
18	211	212.50	210	210.50	+4.00	2.50	211.		
19	211	212	208	210.80	-1.20	4.00	210.27	217.20	
22 M	211	213	209	209.50	-1.00	4.00	210.50	218.50	
23	208.50	208.50	202.50	202.50	-8.30	7.00	204.50	209.80	
24	202	204	195.50	203	-6.50	8.20	200.93	208.50	
25	203	203	196	196.30	-6.20	7.00	198.43	196.	
26	195.50	202	195	199.50	-3.50	7.00	198.83	196.50	191.43
29 M	200	206.50	200	206	9.70	7.00	204.17	190.10	191.83
30	206	209	206	208.80	9.30	3.00	207.93	196	197.17
31	210.40	210.90	209	209.30	3.30	2.10	209.73	215.30	204.93
9.1.77	209.30	209.30	202.30	207.30	-6.50	7.00	204.63	218.10	
2	201.50	205.40	201.30	205.20	-4.10	4.10	203.97	212.60	
5 M	HOLIDAY								
6	206.50	207	205	205.50	3.20	2.00	205.83	198.20	
7	206	209.20	205.20	208.50	3.30	4.00	207.63	201.10	203.83
8	208.50	211	206.50	206.70	1.20	4.50	208.07	208.70	203.63
9	206	208	205	206.50	-2.00	3.00	206.50	211.80	
12 M	207.20	208.20	206	206.80	.10	2.20	207.00	207.90	
13	206.50	206.50	201.50	201.50	-5.00	5.30	203.17	206.60	
14	201.50	204.70	200.50	203	-3.80	3.50	203.00	206.90	
15	203.	203.30	200.80	203.20	1.70	2.50	202.43	197.70	
16	203.50	204	202	202.70	-.30	2.00	202.90	199.20	199.93
19 M	201	201	198.70	198.80	-4.40	4.00	199.50	202.90	200.90
20	201.60	201.60	198.60	200	-2.70	3.00	200.07	202.40	
21	200.50	201.30	199.20	200.60	1.80	2.10	200.37	196.10	
22	200	200	198.50	198.90	-1.10	2.10	199.13	197.30	198.27
23	199.50	201.80	196.50	201.50	.90	5.30	199.93	199.50	197.03
26 M	201	203	201	201.50	2.60	2.00	201.83	197.80	196.63
27	201.80	206	201	206	4.50	5.00	204.33	202.40	199.83
28	206	206.30	203.80	204.30	2.80	2.50	204.80	204.10	199.33
29	204.10	205.30	203	205.20	-.80	2.30	204.50	208.80	202.30
30	205.50	206.30	203.60	203.80	-.50	2.70	204.57	207.10	
10.3.77M	205.30	209.50	205.20	209	3.80	5.70	207.90	204.70	
4	208.80	210.60	208.10	208.10	4.30	2.50	209.00	203.30	202.20
5	208.50	209.90	208.50	209.50	.50	1.80	209.30	212.80	206.30
6	210.50	213.90	210.20	213.40	5.30	4.40	212.50	212.40	211.10
7	213	213.20	209.60	211.40	1.90	3.80	211.40	210	208.10
10 M	211.40	211.50	208.70	208.90	-4.50	2.80	209.70	215.30	207.60
11	208.50	211	207.50	208.10	-3.30	3.50	208.87	213.30	
12	207.80	208	203	203.50	-5.40	5.10	204.83	205.60	
13	202	203	199	199.10	-9.00	4.50	200.37	204.80	
14	198	202	197	201.60			198.10	195.87	

第5章 モメンタムの概念

銘柄 PLYWOOD　　　　　限月 MARCH 1978

2X̄ − L	X̄ + TR	2X̄ − H	仕掛け	手仕舞い	
買い目標値	売りのストップ	売りの目標値			
	213.50	209.50	S-210.80		
	214.27	208.54	HOLD		
	214.50	208.	S-202.50	208.	+2.80
	211.50	200.50	S-203	200.50	+2.00
	209.13	197.86	L-196.30	197.80	+5.20
200.86			L-199.50	200.90	+4.60
202.66			L-206	202.70	+3.20
208.31			L-208.80	208.40	+2.40
209.86			S-209.30	210.40	+1.60
	211.83	208.56	S-202.30	208.50	+1.40
	211.63	199.96	HOLD		
	208.07	202.54	L-205.50	205.50	-3.20
206.66			L-208.50	206.70	+1.20
210.06			S-206.70	210.10	+1.60
	212.57	205.14	S-206.50	205.10	+1.60
	209.50	205.00	HOLD		
	209.20	205.80	S-201.50	205.80	+.70
	208.47	199.84	HOLD		
	206.27	200.90	L-203.20	200.90	+.60
204.04			L-202.70	204	+.80
203.80			S-198.80	200.90	-1.80
	203.50	198.00	HOLD		
	203.07	198.54	L-200.60	200.60	-1.80
201.54			HOLD		
199.76			L-201.50	199.80	-.80
203.36			HOLD		
202.66			L-206	202.70	+1.20
207.66			HOLD		
205.80			S-205.20	205.20	-.80
	206.80	203.70	S-203.80	203.70	+1.50
	207.27	202.84	L-209	207.30	-3.50
210.60			L-208.10	210.60	+1.60
209.90			S-209.50	209.90	+1.80
208.70			L-213.40	211.10	-1.60
214.80			HOLD		
213.20			S-208.90	208.90	-4.50
	212.50	207.90	S-208.10	207.90	+1.00
	212.37	206.74	S-203.50	206.70	+1.40
	209.93	201.66	L-199.10	201.60	+1.90
201.74	204.87	197.74		197.70	+1.40

97

第6章 RSI（相対力指数）

The Relative Strength Index

　RSI（相対力指数）は、価格チャートと組み合わせてグラフにすることで、チャートに対する新たな視点を広げてくれるテクニックである。この指数には、次のような特徴がある。
- RSIが70を超えると天井が近いシグナルに、また30を割ると底が近いシグナルになる。
- RSIのグラフでは明確なチャートフォーメーションを形成しても、チャートでははっきりしないかもしれない。
- RSIが70以上、あるいは30以下のときに起こる失敗したスイングは、マーケットが反転する強いシグナル。
- 支持線（サポート）や抵抗線（レジスタンス）は、価格チャートよりも先にRSIにはっきりと表れる。
- RSIと価格のダイバージェンシーは、トレンドの転換点が近いことを示す強いシグナル。

　最初に、RSIのもととなるモメンタムの概念について簡単に説明する。

モメンタムオシレーターの概念

モメンタムオシレーターは価格の動きに方向性があるとき、その速さを計る方法で、テクニカル派のトレーダーにとって、最も役に立つテクニックのひとつである。価格は急騰すればいずれ買われ過ぎの状態に、急落すればどこかで売られ過ぎの状態になる。そしてどちらの場合も、近くその状態が反転または反発することを意味している。モメンタムオシレーターはその状態をグラフにしたもので、勾配は価格の速さに、振幅は動きの大きさに比例している。

通常、折れ線グラフで表すモメンタムオシレーターは、Y軸（縦軸）が指標の大きさ、X軸（横軸）が時間を表している。これは、マーケットが転換するときには速い動き、一定の方向に向かっているときにはゆっくりとした動きになることから来ている。

終値を使ったオシレーターの計算で、終値が一定の値で上昇するとき、オシレーターのカーブはだんだん緩やかになり、いずれは水平になる。ところが、価格の動きが水平になると、オシレーターは下がり始める。

この概念を「今日の価格－X日前の価格」という簡単なオシレーターで見てみよう。今回はX日を10日とし、オシレーターはゼロの線を中心に測ることにする。もし10日前の終値が今日の終値より高ければ、オシレーターの値はマイナスになり、反対に、もし今日の終値が10日前の終値より高ければ、オシレーターの値はプラスになる。

価格とオシレーターの動きの関係を見るには、価格が直線で動いた場合のオシレーターを描いてみるのが最も分かりやすい。

図6.1の例では、10日目の終値と、10日前である1日目の終値から計算を始める。まず、前述の10日間オシレーターの式を使い、今日の終値48.50から10日前の終値50.75を引いて、10日目のオシレーター－2.25を算出する。次にこれを最初の点として、ゼロの線より下に記入

図6.1

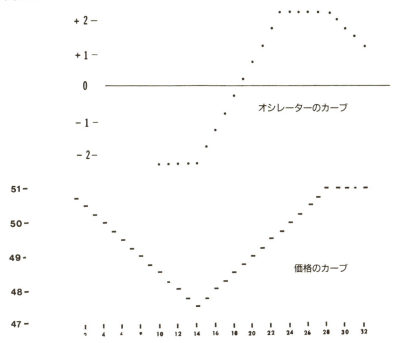

する。この手順を繰り返し、オシレーターのグラフを描いていく。

　このグラフはなかなか興味深い。10日目〜14日目にかけて価格が同じ間隔で下落している間、オシレーターは水平になっている。ところが15日目になると、価格が25ポイント上がったのに対し、オシレーターは50ポイントと、価格の2倍の速さで上昇し始める。この動きはしばらく続いてから23日目にオシレーターは水平になるが、このとき、実際の価格はまだ上昇を続けている。

　29日目も面白い。価格が51.00で水平になると、今度はオシレーターが下落を始めるのである。これは10日間続き、そのあと両方ともそろって水平になる。

　2つのグラフを比べたとき、オシレーターの動きが価格の一歩先を

行っていることに注目してほしい。これは、オシレーターが実質的に価格の変化率（ROC）を計測しているからである。14日目〜23日目は価格が下落から上昇に転換しているため、価格の**ROC**も非常に速くなっている。ただ、10日前に価格が底を打ち、上昇を始めるとROCは遅くなる。これは、ROCを一方向のみで計測することになっているためである。

　オシレーターは、その特性を理解して使えば非常に優れたテクニックではあるが、本当に役に立つオシレーターを開発するためには3つの問題を解決しなければならない。

　最初の問題はオシレーターのなかから、価格の一時的な乱高下による値を見分けることである。例えば、10日間のオシレーターで、10日前はストップ安で引け、今日の終値は前日と同じだったとする。これを式に当てはめ、今日と10日前、前日と11日前の終値の差をそれぞれ計算すると、今日のオシレーターは非常に大きい値になるが、これは役に立つ値とはいえない。このようなケースをなくすため、オシレーターの計算には極端な数値をならす工夫が必要になる。

　2番目の問題は、Y軸（縦軸）の目盛りの決め方である。これはオシレーターの高低の判断に用いる数値をどの程度にするかということで、対象にしている商品によっても変わってくる。この問題を解決するのがすべての商品に共通する公分母で、これによってオシレーターの振幅が相関的で意味のあるものになる。

　3つ目の問題は、膨大な量のデータを保存しなければならないことである。これは3つのなかでは一番小さい問題ではあるが、数種類の商品にオシレーターを使用しているトレーダーには、かなりの負担にもなり得る。

　これらの問題を解決したのが、RSI（相対力指数）という指数である。

RSIの計算方法

RSIの公式は、

$$\text{RSI} = 100 - \frac{100}{1 + \text{RS}}$$

$$\text{RS} = \frac{\text{過去14日間で上げて引けた日の上げ幅の平均}}{\text{過去14日間で下げて引けた日の下げ幅の平均}}$$

最初のRSIの計算には、過去14日間の終値が必要だが、それ以降は前日のデータだけあればよい。最初のRSIの算出方法は、以下のようになる。

1. 過去14日間の終値で見て前日と比べて上げて引けた日の上げ幅の合計を14で割り、**平均**上げ幅を求める。
2. 過去14日間の終値で見て前日と比べて下げて引けた日の下げ幅の合計を14で割り、**平均**下げ幅を求める。
3. **平均**上げ幅を**平均**下げ幅で割る。これが上下値動きの相対力（RS）になる。
4. RSに1.00を足す。
5. 100**を**、上の4で算出した数値で割る。
6. 100**から**、5で算出した数値を引けば、**最初の**RSIになる。

翌日以降のRSIの計算には、上げ幅と下げ幅の平均値さえあればよい。この式には、全体の値をならす要素も含まれている。

1. 最新の**平均**上げ幅は、前日の上げ幅を13倍して、今日の終値が上げて引けていたらその分を足し、合計を14で割る。
2. 最新の**平均**下げ幅は、前日の下げ幅を13倍して、当日の終値が下げて引けていたらその分を足し、合計を14で割る。
3. 以下は、最初のRSIの3～6のときと同じ。

日々のRSIを記録するためには、**図6.2**のように10の列に分かれたワークシートを使うと作業が容易になる。

列1　日付
列2　今日の終値
列3　前日の終値と比べて上げて引けた日の上げ幅。先の例では、2日目の終値は1日目の終値より2.00上昇したので、それを記入する。下落して引けた日は、何も記入しない。
列4　前日の終値と比べて下げて引けた日の下げ幅。8日目の終値は7日目より1.57下落したので、それを記入する。上昇して引けた日は、何も記入しない。
列5　上げ幅の平均。15日目にRSI算出のためのデータがそろったので、それまでの列3の合計11.80を14で割り、14日間の上げ幅の**平均**の0.84を記入する。
列6　下げ幅の平均。列4の合計4.10を14で割り、下げ幅の**平均**の0.29を記入する。
列7　列5を列6で割った**値**。0.84÷0.29＝2.90。
列8　列7に1.00を足した**値**。2.90＋1.00＝3.90。
列9　100を列8で割った**値**。100÷3.90＝25.64。
列10　100**から**列9を引いた値で、これがRSIになる。100－25.64＝74.36。

16日目以降は、前日の上げ幅の平均と下げ幅の平均を使ってRSIを算出できるため、過去14日分のデータを保存する必要はない。手順は次のようになる。

平均上げ幅

16日目は列5の上げ幅0.84を13倍した数値と、列3の上げ幅0.07の合計を14で割る。

第6章 RSI（相対力指数）

図6.2 デイリーワークシート──RSI

銘柄＿＿＿＿＿＿＿＿

限月＿＿＿＿＿＿＿＿

(1)日付	(2)終値	(3)上げ幅	(4)下げ幅	(5)上げ幅平均	(6)下げ幅平均	(7)(5)-(6)	(8)1+(7)	(9)100-(8)	(10)100-(9)
1	54.80								
2	56.80	2.00							
3	57.85	1.05							
4	59.85	2.00							
5	60.57	.72							
6	61.10	.53							
7	62.17	1.07							
8	60.60		1.57						
9	62.35	1.75							
10	62.15		.20						
11	62.35	.20							
12	61.45		.90						
13	62.80	1.35							
14	61.37		1.43						
15	62.50	1.13/11.80	/4.10	.84	.29	2.90	3.90	25.64	74.36
16	62.57	.07		.79	.27	2.93	3.93	25.45	74.55
17	60.80		1.77	.73	.38	1.92	2.92	34.25	65.75
18	59.37		1.43	.68	.46	1.48	2.48	40.32	59.68
19	60.35	.98		.70	.43	1.63	2.63	38.02	61.98
20	62.35	2.00		.79	.40	1.98	2.98	33.56	66.44
21	62.17		.18	.73	.38	1.92	2.92	34.25	65.75
22	62.55	.38		.71	.35	2.03	3.03	33.00	67.00
23	64.55	2.00		.80	.32	2.50	3.50	28.57	71.43
24	64.37		.18	.74	.31	2.39	3.39	29.50	70.50
25	65.30	.93		.75	.29	2.59	3.59	27.86	72.14
26	64.42		.88	.70	.33	2.12	3.12	32.05	67.95
27	62.90		1.52	.65	.42	1.55	2.55	39.22	60.78
28	61.60		1.30	.60	.48	1.25	2.25	44.44	55.56
29	62.05	.45		.59	.45	1.31	2.31	43.29	56.71
30	60.05		2.00	.55	.56	.98	1.98	50.51	49.49
31	59.70		.35	.51	.55	.93	1.93	51.81	48.19
32	60.90	1.20		.56	.51	1.10	2.10	47.62	52.38
33	60.25		.65	.62	.52	1.00	2.00	50.60	50.00
34	58.27		1.98	.48	.62	.77	1.77	56.50	43.50
35	58.70	.43		.48	.58	.83	1.83	54.64	45.36
36	57.72		.98	.45	.61	.74	1.74	57.47	42.53
37	58.10	.38		.45	.57	.79	1.79	55.87	44.13
38	58.20	.10		.43	.53	.81	1.81	55.25	44.75

0.84 × 13 = 10.92 + 0.07 = 10.99 ÷ 14 = 0.79

算出結果の0.79を**最新**の上げ幅として列5に記入する。

平均下げ幅

16日目の終値は前日より上昇したため、14日間の平均下げ幅は**減る**ことになる。ただし、計算方法は同じで、列6の下げ幅の平均の0.29の13倍と16日の下げ幅0の合計を14で割る。

0.29 × 13 = 3.77 + 0 = 3.77 ÷ 14 = 0.27

列7〜10は、ワークシートと同じ手順で記入する。

RSIの算出方法が分かったところで、オシレーターに共通する3つの問題と合わせてRSIの特性をまとめておく。

1. 移動平均を使うことで価格の乱高下の影響を抑えつつも、RSIは終値の上げ下げに応じて自動的に差が広がるようになっているため、十分価格の動きに対応している。
2. オシレーターの高低を判断する数値に関しては、RSIの値が必ず0〜100になることで解決した。これによって、多くの銘柄の日々のモメンタムを同じ尺度で測れたり、同一商品を以前の高低で比較することも可能になった。上下の方向にかかわらず、RSIの縦の動きが大きいものが値動きの激しい商品ということになる。
3. 膨大なデータを保存しなくてはならない問題についても、最初のRSIを算出すれば、それ以降は前日のデータのみを使用する計算方法で解決した。

この指数を学ぶことは、チャートを読む練習をすることに似ている。RSIと価格の動きの関連を研究すればするほど、この指数はトレーダーにとって意味のある数値になり、これを正しく使えるようになると、

チャートの動きを読むのに非常に役に立つ。RSIのグラフは、価格チャートの下に一緒にRSIラインとして引いていく。

次はこの指数が示すシグナルを見ていくことにする。
1. **天井と底**——RSIが70を上回るか30を下回ると、天井か底が近い。この指数は実際のマーケットが天井や底を付ける前に、天井や底を付ける。そのため、RSIが天井や底を付けた場合、マーケットが反転するか、それに近い大きな反発がまもなく起こるだろうというシグナルになる。
2. **チャートフォーメーション**——RSIのグラフはチャートの形とは必ずしも一致していないが、独自にヘッド・アンド・ショルダーズのトップとボトム、ペナント、トライアングルなどを形成して、売買や手仕舞いのシグナルを出す。
3. **失敗したスイング**——70を超えるか、あるいは30を割った水準での失敗したスイングは、マーケットが反転する強いシグナルになる。(図6.3と図6.4参照)

また、RSIと価格チャートを組み合わせると、次のようなことが言える。
4. **支持線・抵抗線**——これらは価格の動きを先取りしてRSIにはっきりと表れる。また、RSIの支持線・抵抗線は価格チャートのトレンドラインと似ている場合が多い。
5. **ダイバージェンシー**——価格の動きとRSIのダイバージェンシーは、マーケットが転換する強いシグナルになる。ダイバージェンシーはRSIが上昇し、価格が水平または下落しているときや、反対にRSIが下落して価格が水平あるいは上昇している場合を指す(例えば、図6.5の6月限の銀チャートは大きな転換点の前に、必ずダイバージェンシーが起こっている)。

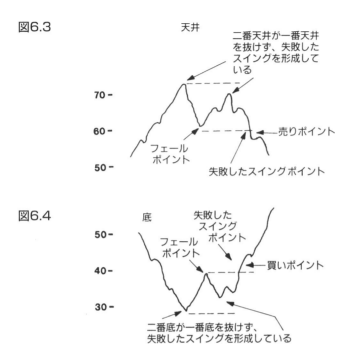

図6.3

図6.4

　これらの要素に注意して1978年6月限のシカゴの銀相場を見てみよう。

1. **天井と底**——8月15日の大底は、RSIが30を割った数日後にダイバージェンシーの形で転換点のシグナルが出たあとだった。同様に11月9日の大天井は、RSIが70を超えたあと、1月24日の天井もRSIが70近くまで上がったあとに付けている。またRSIの2つの天井を比べると最初より次のほうが小さく、大天井後は長期の上昇トレンドが衰え始めたことを示している。

2. **チャートフォーメーション**——価格のチャートには見られないが、10月にRSIラインがペナントを形成しており、これを突き抜けるとその方向に中規模の動きがあるというシグナルになっている。また、RSIライン上に多数の支持線ポイントがある長期のペナントを突き抜ければ、次の長期トレンドに変わることを示している。

3. **失敗したスイング**——RSIが70を上回るか30を下回る状態で形成

第6章 RSI（相対力指数）

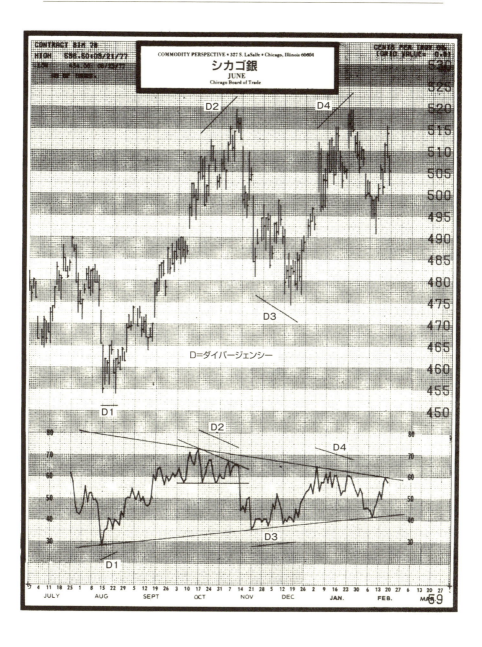

109

される失敗したスイングは、重要な意味を持つ。RSIが70に達してから58まで下落し、大スイングの枠を超えずに小スイングを繰り返しながら上昇するのは珍しくないが、ここでは下値の58を突き抜けたため失敗したスイングが完成したことに注目する。RSIは8月15日の安値のあとも、41まで戻して下降スイングを繰り返したあと、8月26日に上方に突き抜けて失敗したスイングを形成している。

4. **支持線・抵抗線**——価格チャートのトレンドラインは、RSIの支持線としてたびたび表れる。10月から11月の初めにかけてRSIに引いたスイングの下値支持線は、チャートのトレンドラインを確認するために使うこともできる。トレンドラインの引き方にもよるが、11月4日は価格トレンドラインを突き抜け、シグナルが出たものの、RSIの支持線では確認されなかった。

5. **ダイバージェンシー**——マーケットの転換点のたびに起こるわけではないが、重要なポイントにはたいてい表れる。はっきりとした方向性を持つ動きに続いて、ダイバージェンシーが表れると、転換点が近いことを示す強いシグナルになり、これこそがRSIの最大の特性だといえる。11月9日の天井は、RSIが70を超えた範囲でのダイバージェンシーが**シグナルとなり**、それを失敗したスイング、ペナントの形成とブレイクアウト、支持線のブレイクアウトの3つが**確認**している。

RSIを組み合わせると、チャートを新しい角度から分析することができる。マーケットを百パーセント正しく読むことのできるテクニックや理論やシステムは、どこにも存在しないため、成功しているトレーダーは数種類の情報を考慮して判断を下している。このときに難しいのが、自分にとって価値のあるいくつかの情報を絞り込むことなのだが、RSIなら十分そのひとつになり得るはずである。

第7章 リアクショントレンド・システム

The Reaction Trend System

　リアクショントレンド・システムは、その名のとおり、アンチトレンドシステムとトレンドシステムを兼ね備えたものである。通常、リアクションモード（アンチトレンド）で運用するこのシステムでは、弱気を買い、強気を売る。それと同時に、すべての買いポイントと大部分の売りポイントでドテンする。そしてトレンドモードに入るとドテンはせずに、トレイリングストップで手仕舞うようになっている。

　このシステムは売買の回数が多く、平均して2〜3日に一度はトレードを行うことになる。また、多くのシステムでパフォーマンスが上がらないマーケット、つまり方向性がなく揉み合いを繰り返す状態から、突然、新高値や新安値を更新するようなマーケットにおいても、このシステムではトレードを継続していく。ちなみにこのような相場は、ディレクショナルムーブメント・インデックスの数値で見ると、かなり低い値になる。

　リアクショントレンド・システムは、タイプとしては方向性のない相場で利益を出すことのできるシステムだが、市場が突然ある方向に、それも急激に動いた場合は、自動的にトレンドモードに切り替わり、そのトレンドをフォローするようになっている。そして、トレンドが終わると、システムも再度リアクションモード（アンチトレンドモード）

に戻る。

　最初にシステムの概念を理解するため、アクションポイント（仕掛ける価格）の配置を見たあと、トレードの手順を説明する。このシステムでは毎日$\overline{X}$と呼ばれる高値、安値、終値の**平均値**を基準として、**翌日のみに有効**な4つのアクションポイントを算出していく。

基準値

$$\overline{X} = \frac{H + L + C}{3}$$ （H＝前日高値、L＝前日安値、C＝前日終値）

4つのアクションポイント

1．B_1（買いポイント）＝$2\overline{X} - H$
2．S_1（売りポイント）＝$2\overline{X} - L$
3．HBOP（ハイブレイクアウトポイント）＝$2\overline{X} - 2L + H$
4．LBOP（ローブレイクアウトポイント）＝$2\overline{X} - 2H + L$

　これらのポイントは、**図7.1**からも分かるとおり、**すべての**ポイントを次に定義する3つの価格差である、D_1、D_2、D_3をもとに算出している。

1．D_1は、$\overline{X}$と高値の差で、これを$\overline{X}$を中心に180度回転してその真下に動かすと、買いポイントのB_1になる。
2．D_2は、$\overline{X}$と安値の差で、これを$\overline{X}$を中心に180度回転してその真上に動かすと、売りポイントS_1になる。
3．D_3は、高値と安値の差で、$\overline{X}$を基点にD_3とD_2を足した数値がHBOPになる。また、$\overline{X}$を基点にD_3とD_1を引いた数値がLBOPになる。

　図7.1からも$\overline{X}$が4つのシグナルを算出するもとになっていることが分かるだろう。

図7.1

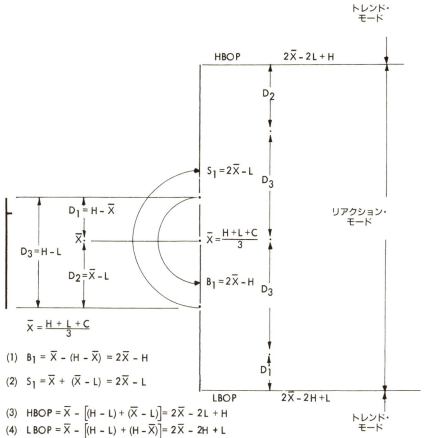

次は価格の動きと４つのポイントについて見たあと、実際にポジションを持つ**タイミング**を考えていく。リアクショントレンド・システムは、通常、リアクションモードで運用することと、シグナルとなる４つのアクションポイントは、翌日のみ有効だということはすでに述べた。実はこのリアクションモードとは４つのポイントがHBOPとLBOPの**間にある**状態を指しており、この間はB₁が買いのポイント、

S_1が売りのポイントになっている。

　もし翌日の価格がHBOPまたはLBOPを**突き抜ければ**、このシステムは自動的にトレンドモードに切り替わる。トレンドモードに入ると、過去２日間で最も離れた価格がストッププライスになる（価格がHBOPを突き抜けた場合には過去２日間の最安値、LBOPを突き抜けた場合には過去２日間の最高値がトレイリングストップになる）。トレイリングストップは、価格が突き抜けた方向に後追いして調整され、価格が十分に反転した時点で、そのトレイリングストップに引っかかって手仕舞うようになっている。その後はリアクションモードに戻り、ブレイクアウトが起こるまで、リアクションモードのトレードを続ける。

　このシステムは、「価格のランダムな動きは繰り返す」という考えの下に考案されている。この３日上げて２日下げるような動きは、方向性のないマーケットやトレンドが非常にゆったりとしたマーケットでよく見られる。また、理由は分からないが、価格のランダムな動きは上昇相場のほうが下落相場よりも時間がかかることが多く、言い換えれば、下落相場が上昇相場に比べ、短期間で急激に動くというのはどのマーケットにもよく見られることである。一方、価格が方向性を持って動き始めるときには、初日に大きく上昇することがあり、そのときに上限のポイントを突き抜けると、システムはトレンドモードに切り替わり、価格を後追いしながら最初に反転したところで再びリアクションモードに戻るようになっている。

　それでは、実際の仕掛けのタイミングを見ていこう。まず、過去２～３週間の価格の動きのなかから**最安値**を選ぶ。

　最安値を付けた日にＢと書き込む。

　翌日の価格の下に０を書き込む。

　その翌日の価格の下にＳを書き込む。

　それ以降も**図7.2**の要領でBOSBOS……のパターンを繰り返し、直近の価格まで書き込んでいく。

図7.2

　もし、長期のトレンドが下落している場合は、過去2〜3週間の**最高値**を付けた日にSを書き込み、翌日はB、その翌日はOを書き入れる。

　BOS……のパターンを決める方法はほかにもあるが、それはフェージングの調整の項で説明する。

　リアクショントレンド・システムでトレードするときの**基本**ルールをまとめておく。

リアクションモード

1．買いトレードを仕掛けるのはBの日**のみ**。
2．売りトレードを仕掛けるのはSの日**のみ**。
3．Oの日はHBOPかLBOPを突き抜けない**かぎり**売買はしない。
4．買いトレードはOの日に手仕舞うか、Sの日にドテンする。
5．売りトレードはBの日にドテンする。
6．B_1で買ったポジションは、常にS_1が目標値かつドテンのポイントになる。
7．S_1で売ったポジションは、常にB_1が目標値かつドテンのポイントになる。

トレンドモード
1. リアクションモードでは、HBOPとLBOPのブレイクアウト・ポイントがオープンポジションのSAR（ストップ＆リバースポイント）になっていると同時に、新しいポジションの開始点にもなっている。HBOPかLBOPによるシグナルなら、BSOのどの日でも仕掛ける。
2. トレンドモードのストップポイントは、常にトレイリングストップで、これに達したときにはドテンしない。

次はこのルールを具体的に見ていこう。あるチャートに何日か前からBOS……を書き込み、リアクションモードに入る準備ができているとする。もし翌日がOの日だとすると、売買はできないので、その翌日のSの日用に、4つのアクションポイントを計算する。Sの日は売りポイントのS_1に達したら、売ること以外はできない。今回のケースでは、この日、2日目にS_1に達して売ったとする（図7.3参照）。

2日目
価格が下落し、目標値のB_1を突き抜けた。しかし、売買当日には利食わないことになっているため、次のBの日まで待ち、利食ってからB_1で反転する。

3日目
Bの日は価格が下落してB_1に達した。Bの日は買うことしかできないため、B_1でドテン買いにする。

4日目
価格は引き続き上昇し、S_1を突き抜けたのと、**Oの日の目標値はS_1だけである**ことからS_1で利食う。リアクションモードではOの日にド

図7.3

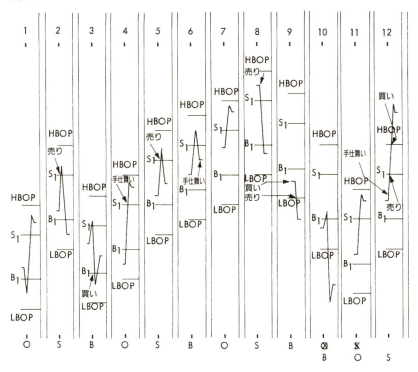

テンしたり、新しいポジションを取ることはできないため、この日の売買は終了。

5日目
Sの日はS_1で売る。

6日目
Bの日はB_1には達しなかったので、**終値で手仕舞う**。

7日目

Oの日はブレイクアウトポイントを突き抜けなければ売買はなし、突き抜ければトレンドモードに入って売買し、トレイリングストップで手仕舞う。今回のケースではブレイクポイントを突き抜けなかったので、リアクションモードを継続する。

8日目

Sの日はS_1よりも**上**の価格から始まったため、始値で売る。その後、価格はB_1を超えて下げ、終値が安値になったが、ブレイクポイントを突き抜けないかぎりは売買当日に手仕舞わないことになっているため、この日はこのまま終わる。

9日目

B_1よりも**下**の価格から始まったため、始値で買いトレードにドテンした。価格はそのまま下がりLBOPを突き抜けたため、再度売りに転じる。トレンドモードに入ったのでトレイリングストップに引っかかるまで売りポジションを保持し続ける。

ブレイクアウトポイントを突き抜けた日は、過去2日間の最高値がトレイリングストップになる。そのため、取引終了後に今日と前日の高値を比べ、高いほうを翌日のトレイリングストップとする。

10〜11日目

売りポジションのままで、トレイリングストップにも達しなかった。

12日目

価格が反発したので、(11日目の高値である) トレイリングストップで手仕舞い、**ドテンはしない**。システムはこのあとリアクションモードに戻る (アンチトレンド)。

フェージングテクニック（トレンドモードの取引後のみに使用）

　ここでリアクショントレンド・システムの重要な手順であるフェージングについて説明する。ルールは以下のとおりである。

1．LBOPでトレンドモードに入り、売りトレードの最中に**最安値**を付けた日をBの日とする。
　または、
2．HBOPでトレンドモードに入り、買いトレードの最中に**最高値**を付けた日をSの日とする。

　先の例では10日目にトレンドモードの売りトレードの最中に最安値を付けたため、この日をOの日からBの日に変える。これに伴い、11日目はOの日という具合に、SBO……のパターンも、ずれていく。

　もうひとつ大事なポイントがある。もし11日目に前日のトレンドモードのまま価格が上昇してHBOPを突き抜けると、HBOPで買ってそのままトレンドモードに入ることになる。ちなみに、11日目のトレイリングストップは10日目の安値になる。**このケースは一度リアクションモードに戻って売買するのではなく、トレンドモードの売りから買いへ、またはその反対にドテンすることもあることを示している。**
　12日目に、Sの日はS_1で売るが、価格はこの売りトレードに反して上がり続け、HBOPを突き抜けたため、HBOPで買いにドテンした。ここで再びトレンドモードに戻り、上昇トレンドをフォローしながら、トレイリングストップに引っかかるのを待つ。
　仮に価格があと2日間上昇を続けたあと反転し、トレイリングストップで手仕舞ったとすると、リアクションモードに戻る前にフェージングの調整を確認する必要がある。最高値を付けた日が新しいSの日

で、これが調整前のSの日と同じであれば、そのままでよいが、**そうでなければ、BOS……のパターンを調整することになる。**

　もうひとつ重要なことがある。トレンドモードを手仕舞った当日にリアクションモードで売買を開始するかどうかであるが、これは最高値（あるいは最安値）を付けた日とリアクションモードで売買する日の間に最低1日は空けておけばよいことになっている。

　もしトレンドモードの売りトレードを手仕舞えば、最安値を付けた日がBの日で、その翌日がOの日になる。これはそのOの日の翌日のSの日まで、リアクションモードの取引は始められないということである。反対に、トレンドモードの買いトレードを手仕舞えば、最高値を付けた日がSの日で、その翌日がBの日になる。しかし、**このBの日の終値が確定しないと2日間の最高値が決まらないため、この日は売買ができない。**

　リアクショントレンド・システムの基本が分かったところで、ルールを整理しておく。先の例と合わせてしっかり覚えてほしい。そのあとはワークシートを使い、手順の復習と計算に移ろう。

リアクショントレンド・システムのルール

概要

　リアクションモードでトレードを始め、価格がブレイクアウトポイントであるHBOPか、LBOPを突き抜けたらトレンドモードに切り替わる。このあとはトレイリングストップに引っかかれば手仕舞いし、ドテンはしない。フェージングを調整後、リアクションモードでトレードを再開する。

リアクションモード

フェージング

1．取引初日から2～3週間さかのぼり、**最も安い安値**をBの日とする。その翌日以降、OSBOS……のパターンを割り当てていく。
2．もし直近の高値が最も高いなら、その日をSの日として、翌日以降、BOS……のパターンを割り当てていく。フェージングは、3の方法で割り当てることもできる。
3．価格がブレイクアウトポイントのHBOPかLBOPを突き抜けたら、必要に応じてフェージングを調整する。
　A．トレンドモードで買いトレードの最中に**最高値**を付けた日をSの日とする。その翌日以降、BOS……のパターンを割り当てていく。
　B．トレンドモードで売りトレードの最中に**最安値**を付けた日をBの日とする。その翌日以降、OSB……のパターンを割り当てていく。

仕掛け
1. Bの日のみ、B_1で買う。
2. Sの日のみ、S_1で売る。

手仕舞い（ドテンはしない）
1. 買いトレードを手仕舞うポイント
   A. Oの日のS_1
   B. Sの日でS_1に達しなかった日の終値
   C. LBOPを突き抜けたときは売りトレードに**ドテンする**。それ以外では売買当日に手仕舞わない。
2. 売りトレードを手仕舞うポイント
   A. Bの日でB_1に達しなかった日の終値
   B. HBOPを突き抜けたときは買いトレードに**ドテンする**。それ以外では売買当日に手仕舞わない。

ドテン
1. 買いトレードを売りトレードにドテンするポイント
   A. Sの日のS_1
   B. すべての日のLBOP
2. 売りトレードを買いトレードにドテンするポイント
   A. Bの日のB_1
   B. すべての日のHBOP

トレンドモード

仕掛け
1. どの日でもHBOPで買う。
2. どの日でもLBOPで売る。

手仕舞い

1．買いトレードの場合は、トレイリングストップ（過去２日間の最安値）で手仕舞いし、ドテンはしない。
2．売りトレードの場合は、トレイリングストップ（過去２日間の最高値）で手仕舞いし、ドテンはしない。

ドテン

トレンドモードではドテンはしない。

ここでは日々の数値について復習したあと、計算方法を説明する。

Bの日にB₁で買ったときは、同日にS₁に達しても手仕舞わない。つまり、Bの日に手仕舞うのは、価格が現在のトレードに反してLBOPを超え、売りトレードに転じた場合**だけ**ということになる。もしBの日に価格が有利に動けば、取引終了後に高値、安値、終値を使い、Oの日である翌日のアクションポイントを計算する。

Oの日は、2つの可能性がある。もし価格が有利に動いてS₁まで達したら、利食って手仕舞い、ドテンは**しない**。もし価格がブレイクアウトポイントを突き抜けたら、トレンドモードに入り、トレイリングストップに達するのを待つ。価格がS₁にもブレイクアウトポイントにも達しないOの日は売買は行わず、市場が終わるのを待ち、翌日のSの日のアクションポイントを計算する。

Sの日には買いトレードを手仕舞う**ことになる**が、このときは3つの可能性がある。もし価格が有利に動き、S₁に達したら、そこでポジションを**ドテンする**。もし価格がブレイクアウトポイントを突き抜ければ、トレンドモードに切り替える。どちらでもなければ終値で**手仕舞い、ドテンはせずに**、次のBの日にB₁で買いトレードから再開する（もし次のBの日にB₁に達しなければ、その日も売買はしない）。

今度はSの日にS₁でドテンした場合を考える。ドテンするとトレンドモードで買いに転換するポイントでもあるHBOPがストップポイントになる。もし価格が下落してB₁を超えても、Sの日なので**手仕舞わず**、トレードを継続する。もしSの日に売りトレードのまま取引が終了しても、そのまま次のBの日のアクションポイントを計算する。

Bの日は、売りトレードを手仕舞う**ことになる**。もしBの日に価格が下落し、B₁まで達したら、売りから買いにポジションを転換する。このときLBOPはストップポイントであると同時に、トレンドモードの売りトレードに転換するポイントにもなる。ただし、価格が売りトレードをドテンするB₁まで下がりも**しなければ**、トレンドモードに切り

替わるHBOPまで上がりも**しない**ときは、**終値**で手仕舞う。この場合は、翌日がOの日になるため新しいポジションを持つことはせず、その次のSの日にS₁で売ることができれば、そこでトレードを再開する。そして、Sの日に再開できなければ、次はBの日にB₁で買いトレードに入ることを目指す。

　S、O、B の**どの**日でも、一度、HBOPまたはLBOPを突き抜ければ自動的にトレンドモードに入り、あとはトレイリングストップで手仕舞うまで、**トレンドモードのルールのみ**に従う。

　トレンドモードには、ドテンするか、しないは別として、リアクションモードから入るのが普通だが、それ以外にトレードをして**いない**間に市場がHBOPより**上**、あるいはLBOPより**下**で始まるケースもある。このときには状況に合わせて売りまたは買いから再開すればよく、これがトレンドモードでトレードを開始する唯一のケースになる。

　それではサンプルを使ったワークシートを見ていこう。

デイリーワークシート──リアクショントレンド・システム

日付		始値	高値	安値	終値	$\bar{X}$	$2\bar{X}-H$ B_1	$2\bar{X}-L$ S_1	$2\bar{X}-2L+H$ HBOP	$2\bar{X}-2H+L$ LBOP
1	S	51.00	51.50	50.50	50.50					
2	B	50.50	51.00	50.00	51.00	50.83	50.16	51.16	52.16	49.16
3	O	51.00	51.20	50.50	51.00	50.67	50.34	51.34	52.34	49.34
4	S	51.10	51.50	50.50	50.50	50.90	50.60	51.30	52.00	49.90
5	B	51.00	51.00	50.10	51.00	50.83	50.16	51.16	52.16	49.16
6	O	50.50	50.50	49.00	49.50	50.10	50.40	51.30	52.20	49.50
7	S	49.50	49.50	48.00	48.00	49.67	48.84	50.34	51.84	47.34
8	B	48.00	48.50	47.50	47.80	48.50	47.50	49.00	50.50	46.00
9	oB	47.20	48.20	47.00	48.00	47.93	47.36	48.36	49.36	46.36
10	O	48.50	49.50	47.70	49.50	47.80	47.40	48.60	49.80	46.20
11	S	49.80	50.50	49.00	49.20	48.90	48.30	50.10	51.90	46.50
12	B	49.00	49.75	48.80	49.40	49.57	48.64	50.14	51.64	47.14
13	O	49.50	50.30	49.30	50.30	49.32	48.89	49.84	50.79	47.94
14	S	50.00	50.80	49.60	49.80	49.97	49.64	50.64	51.64	48.64
15	B	49.80	50.50	49.20	50.20	50.07	49.54	51.54	51.74	48.14
16	O	50.00	50.20	49.50	50.10	49.97	49.44	50.74	52.04	48.14
17	S	49.80	49.80	48.90	48.90	49.93	49.66	50.36	51.06	48.96
18	B	49.00	49.50	48.50	49.20	49.20	48.60	49.50	50.40	47.70
19	O	49.50	49.80	49.00	49.20	49.07	48.64	49.64	50.64	47.64
20	S	49.00	49.70	48.80	49.30	49.33	48.86	49.66	50.46	48.06
21	B	49.40	49.85	49.00	49.20	49.27	48.84	49.74	50.64	47.94
						49.35	48.85	49.70	50.55	48.00
22	O	49.50	50.00	49.00	49.50					
23	S	49.50	50.00	49.00	49.50	49.50	49.00	50.00	51.00	48.00
24	B	49.50	50.00	49.00	49.50	49.50	49.00	50.00	51.00	48.00
25	O	49.50	50.00	49.00	49.50	49.50	49.00	50.00	51.00	48.00
26	S	49.50	50.00	49.00	49.50	49.50	49.00	50.00	51.00	48.00
27	B	49.50	50.00	49.00	49.50	49.50	49.00	50.00	51.00	48.00
28	O	49.50	50.00	49.00	49.50	49.50	49.00	50.00	51.00	48.00
						49.50	49.00	50.00	51.00	48.00

銘　柄＿＿＿＿＿＿＿＿＿＿＿　　　限　月＿＿＿＿＿＿＿＿＿

仕掛け	手仕舞い	損益	アクションと注文
L.50.16			Accum
S.51.30	51.30	+1.14	
L.50.16	50.16	+1.14	+2.28
S.49.50	49.50	-.66	+1.62
	48.50	+1.00	+2.62
S.50.10			
	49.60	+.50	+3.12
S.50.64			
L.49.34	49.34	+1.30	+4.42
	48.90	-.44	+3.98
L.48.60			
	49.64	+1.04	+5.02
S.49.66			
	49.20	+.46	+5.48
S.50.00			
L.49.00	49.00	+1.00	
	50.00	+1.00	
S.50.00			
L.49.00	49.00	+1.00	
	50.00	+1.00	

図7.4

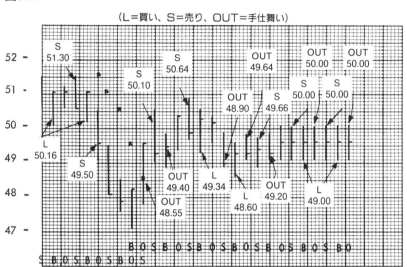

$$\overline{X} = \frac{H + L + C}{3}$$

$$= \frac{51.50 + 50.50 + 50.50}{3}$$

$$= \frac{152.50}{3} = 50.83$$

(1) B_1 = 2 $\overline{X}$ — H
　　　 = 2 (50.83) — 51.50
　　　 = 101.66 — 51.50 = 50.16

(2) S_1 = 2 $\overline{X}$ — L
　　　 = 2 (50.83) — 50.50
　　　 = 101.66 — 50.50 = 51.16

(3) HBOP = 2 $\overline{X}$ — 2 L + H
　　　　 = 2 (50.83) — 2 (50.50) + 51.50
　　　　 = 101.66 — 101.00 + 51.50
　　　　 = 52.16

(4) LBOP = 2 $\overline{X}$ — 2 H + L
　　　　 = 2 (50.83) — 2 (51.50) + 50.50
　　　　 = 101.66 — 103.00 + 50.50
　　　　 = 49.16

2日目

アクションポイントを4つとも計算したので、126ページのワークシートに記入していく。この例ではすでに1日目をSの日としているので、2日目はBの日になる。Bの日に注意するのはB_1、LBOP、HBOPの3つのポイントである。この次に来るBの日に50.16で買うことを目指しており、このときのSARはLBOPの49.16。

2日目は価格がB_1に達したため、50.16で買う。取引終了後は3日目用に4つのアクションポイントを算出する。翌日はOの日なので、S_1に達したら手仕舞う。

3日目

高値が51.20なので、目標値でS_1の51.34には達しなかった。取引終了後に4日目のアクションポイントを計算するが、注目点は4日目のS_1である51.30。

4日目

S_1に達したため51.30で売りに転じ、ブローカーにはSAR兼HBOPの52.00でストップオーダーを入れる。

5日目

Bの日なので、B_1の50.16で買いに転じる。SAR兼LBOPは49.16。

6日目

価格は大きく下げて、LBOPを突き抜けたため、49.50で売ってトレンドモードに切り替わった。すぐにブローカーに連絡して、過去2日間の最高値である51.50でストップオーダーを入れる。

7日目
トレイリングストップは51.00。

8日目
トレイリングストップは50.50。

9日目
トレイリングストップは49.50。

10日目
トレンドモードでトレイリングストップの48.50に達したため、ドテンせずに手仕舞う。トレンドモードで手仕舞ったあとは、まずフェージングの調整が必要かどうかを確認する。今回のトレンドモードの最中に最安値を付けたのは9日目で、もともとはOの日だった。

10日目の取引が終了し、その時点でも9日目が**最安値**であることから、これをBの日に変え、それ以降、10日目がO、11日目がSという具合に調整する。

トレンドモードで手仕舞ったため、自動的にリアクションモードに戻った。10日目はOの日に変わったので、HBOPかLBOPを突き抜けないかぎり、売買はしない。

11日目
価格はS_1に達したため、50.10で売る。

12日目
Bの日はB_1の48.64で売りトレードの手仕舞いを目指すものの、そこまでは下がらず、終値で手仕舞う。B_1に達しなければ買わない。

13日目

Oの日なので、HBOPかLBOPを超えないかぎり、トレードしないまま次のSの日を待つ。

14日目

50.64で売る。

15日目

12日目には達しなかったB_1を付けたため、49.34で買う。

16日目

Oの日は、目標値のS_1に達しなかったため、ポジションはそのまま（16日目は下げなかったため17日目、Sの日のS_1が2日間の最安値になった）。

17日目

目標値に達しなかったため、終値で手仕舞う。

18日目

Bの日はB_1で買う。

19日目

Oの日は目標値のS_1に達したため、49.64で手仕舞い、ドテンはしない。

20日目

S_1の49.66で売る。

21日目

B_1の48.84に達しなかったため、現在の売りトレードを終値の49.20で手仕舞う。このシステムではB_1やS_1に達しなくても利食うときがたびたびあることに注目してほしい。

22日目

Oの日で、HBOPにもLBOPにも達しなかったため、新しいポジションは持たない。

ここからは趣向を変え、価格がまったく水平に動いたときにどうなるかを見ていくことにする。これは連日の高値、安値、終値がそれぞれ同じ価格ということである。

22日目は、Oの日なので何もせず、23日目のSの日を待つ。
23日目は、S_1の50.00で売る。
24日目は、B_1の49.00でドテンする。
25日目のOの日は、50.00で利食ったあと手仕舞う。
26日目のSの日は、また50.00で売る。
27日目は、B_1の49.00で買う。
28日目のOの日は、S_1の50.00で手仕舞う。

22日目以降の経過には、方向性が低くトレンドのないマーケットでも利益を出すことができるというこのシステムの本来の特性がよく表れている。このようなマーケットは、劇的な動きを控えた「嵐の前の静けさ」であることも多いが、このシステムなら**マーケットに参加**し続けることで、変化を見逃さずにすむという利点もある。

リアクショントレンド・システム（1977年5月限　大豆ミール）

日足	BOS	売買	価格	仕掛け/手仕舞いシグナル	損益	累積損益
1	O	L	159.00*	HBOP		
2	B	Out	162.70*	T-stop	+ 3.70	
3	O	L	167.90*	HBOP		
4	O/B	Out	194.80	T-Stop	+26.90	+30.60
5	S	S	191.10	LBOP		
6	S	Out	204.00*	T-Stop	−12.90	+17.70
7	B	S	192.10	LBOP		
8	S	Out	201.00*	T-Stop	− 8.90	+ 8.80
9	S	S	204.00	S_1		
10	S	L	208.20	HBOP	− 4.20	+ 4.60
11	S/B	Out	223.50	T-Stop	+15.30	+19.90
12	S	S	214.80	LBOP		
13	S/O	Out	197.20	T-Stop	+17.60	+37.50
14	B	L	192.30	B_1		
15	B	S	188.10	LBOP	− 4.20	+33.30
16	O/S	Out	185.70	T-Stop	+ 2.40	+35.70
17	O	L	184.00	B_1		
18	O	Out	187.30	S_1	+ 3.30	+39.00
19	B	L	183.60	B_1		
20	O	Out	184.70	S_1	+ 1.10	+40.10
21	O	L	185.90	HBOP		
22	O	Out	188.80	T-Stop	+ 2.90	+43.00
23	S	S	188.30	S_1		
24	B	Out/L	194.50*	B_1/HBOP	− 6.20	+36.80
25	O/B	Out	194.00*	T-Stop	+ .50	+37.30
26	S	S	199.00	S_1		
27	B	L	195.30	B_1	+ 3.70	+41.00
28	B	Out	195.00**	S_1	+ .30	+41.30
29	B	L	198.90	HBOP		
30	S/B	Out	207.30	T-Stop	+ 8.40	+49.70
31	S	S	198.80	LBOP		
32	S/B	Out	184.20	T-Stop	+14.70	+64.30
33	S	S	190.70	S_1		
34	B	B	192.00*	B_1	− 1.30	+63.00
35	O	L	189.20	LBOP		
36	O/S	Out	192.50*	T-Stop	− 3.30	+59.70
37	B	S	190.00*	LBOP		
38	O/S	Out	183.90	T-Stop	+ 6.10	+65.80
39	O	L	189.90	HBOP		
40	O	Out	188.80	T-Stop	− 1.10	+64.70
41	B	L	189.30	B_1		
42	S	Out/S	190.50*	S_1	+ 1.50	+66.20
43	O	Out	191.70	T-Stop	− 1.20	+65.00
44	S	S	182.50	LBOP		
45	O	S	182.70	T-Stop	− .20	+64.80
46	S	S	188.60	S_1		
47	B	Out/L	193.20	HBOP	− 4.60	+60.20
48	O/S	Out	192.30	T-Stop	− .90	+59.30
49	B	L	190.60	B_1		
50	O	Out	194.10	S_1	+ 3.50	+62.80
51	B	L	193.30	B_1		
52	O	Out	195.50*	S_1	+ 2.20	+65.00
53	O	L	198.00	HBOP		
54	O	Out	200.00*	T-Stop	+ 2.00	+67.00
55	S	S	200.20	S_1		
56	S	L	202.40	HBOP	− 2.20	+64.80
57	B/S	Out	197.80	T-Stop	− 4.60	+60.20
58	S	S	199.30	S_1		
59	B	Out/L	198.50	B_1	+ .80	+61.00
60	O	Out	200.80	S_1	+ 2.30	+63.30
61	O	L	200.50	S_1		
62	B	Out	204.20**	S_1	− 3.70	+59.60
63	O	S	207.40	S_1		
64	B	Out/L	205.30	B_1	+ 2.10	+61.70
65	O	Out	209.40	S_1	+ 4.10	+65.80
66	S	S	213.40	B_1		
67	B	Out	215.30**	S_1	− 1.90	+63.90
68	S	S	215.50	S_1		
69	S	L	217.70	HBOP	− 2.20	+61.70
70	O	Out	213.30	T-Stop	− 4.40	+57.30
71	S	S	215.00	S_1		
72	S	Out/L	214.00	B_1	+ 1.00	+58.30
73	B	Out/S	217.30	S_1	+ 3.30	+61.60
74	B	L	212.30	B_1	+ 5.00	+66.60
75	O	Out	213.00	S_1	+ .70	+67.30
76	O	L	215.90	HBOP		
77	B/O	Out	210.00	T-Stop	− 5.90	+61.40
78	S	S	214.30	S_1		
79	B	Out/L	208.90	B_1	+ 5.40	+66.80
80	B	Out	210.70**	S_1	+ 1.80	+68.40
81	B	L	209.10	B_1		
82	O	Out	209.60	S_1	+ .50	+69.10
83	S	S	210.80	S_1		
84	B	Out	212.40**	S_1	− 1.60	+67.50
85	B	L	214.80	S_1		
86	B	Out	213.20**	S_1	+ 1.60	+69.10
87	B	L	211.20	B_1		
88	O	Out	211.30	S_1	+ .10	+69.20
89	O	L	213.00	HBOP		
90	S	Out	236.30	T-Stop	+23.30	+92.50
91	S	S	234.20	S_1		
92	B	L	234.00	B_1	+ .20	+92.70
93	B	L	238.60	S_1	+ 4.60	+97.30
94	B	L	237.50	B_1	+ 1.00	+98.30
95	O	Out	238.50	S_1	+ .90	+99.20

＊寄り付き　　＊＊終値

リアクショントレンド・システム——1977年5月限大豆ミールの結果

トレード回数	勝ちトレード	36回（64％）
	負けトレード	20回（36％）
	総トレード	56回

損益	利益	174.70ポイント
	損失	75.50ポイント
		92.20ポイントが利益になった！

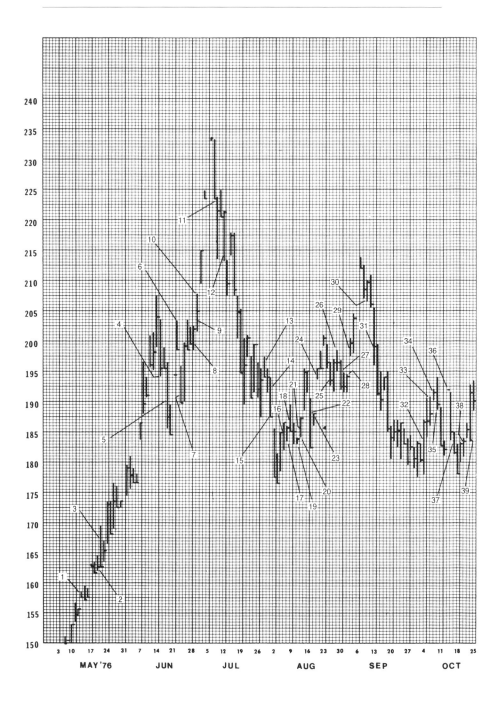

第7章 リアクショントレンド・システム

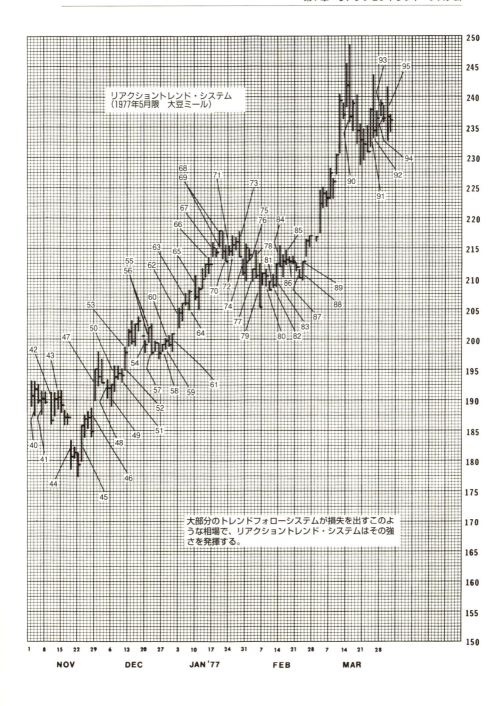

先の例は簡素化するためにブレイクアウトポイントやトレイリングポイントの価格どおりに売買や手仕舞いをしていたが、実際のマーケットでLBOP、HBOP、トレイリングポイントによるシグナルを使うときは、算出した数値よりも必ず数**ティック離して**執行するのが望ましい。
　少し難しかったかもしれないが、何度か読み返して完全に理解してほしい。
　前ページのチャートはリアクショントレンド・システムを1977年5月限の大豆ミールのマーケットに応用したものである。これを見れば、このシステムが時間をかけてマスターする価値があるということが分かると思う。

第8章 スイングインデックス

The Swing Index

　筆者の知り合いで、非常に賢いテクニカル派のトレーダーが教えてくれた次のフレーズが、スイングインデックス（SI）への道を開いてくれた。

　「始値（O）、高値（H）、安値（L）、終値（C）の4つからなる迷路のどこかに、マーケットという幻の線が延びている。この線はマーケットが生み出す価格のスイングを表したものである」

　研究を進めていくうちに、もし日々の価格の動きを一定のパラメータで明確に測定することができれば、幻の線が姿を現すかもしれないと考えるようになっていった。問題は日中の価格の動きと前日からの動きの両方を特定の値に関連づけて比較していく方法だった。

　価格の動きは**2日間だけ**でも、最低28種類の数値がある。例えば、2日間をまたぐ数値は次の16個ある。右下の数字は1が1日目、2が2日目を表している。

H_2H_1	H_2L_1	L_2O_1	O_2C_1
L_2L_1	H_2O_1	L_2C_1	C_2H_1
O_2O_1	H_2C_1	O_2H_1	C_2L_1
C_2C_1	L_2H_1	O_2L_1	C_2O_1

同日で比較する数値も6種類（2日間で12個）ある。

H_1O_1	L_1O_1	H_2O_2	L_2O_2
H_1L_1	L_1C_1	H_2L_2	L_2C_2
H_1C_1	O_1C_1	H_2C_2	O_2C_2

それでも試行錯誤を繰り返した結果、価格の動きを最も顕著に表すのは、次の要素だということが分かった。

相場が上昇した日の最も顕著なプラス要素
　1．今日の終値が前日の終値より上
　2．今日の終値が今日の始値より上
　3．今日の高値が前日の終値より上
　4．今日の安値が前日の終値より上
　5．前日の終値が前日の始値より上

相場が下落した日は、同じ要素がマイナスになる。

次に、これらの要素をならし、最大値や最小値と関連づけて計測し、指数化するための条件を考えた。

1．ストップ高が2日連続で続くとき、指数は最大の値になる。
2．ストップ安が2日連続で続くとき、指数は最小の値になる。
3．価格が動かなかった日は、指数の値はゼロとする。
4．この指数は＋100から－100の間の値で表す。

そして、これらすべてを満たす式は、次のようになる。

$$SI = 50 \left[\frac{C_2 - C_1 + 0.5\ (C_2 - O_2)\ + 0.25\ (C_1 - O_1)}{R} \right] \frac{K}{L}$$

この式を詳しく見る前に、2日間のパターンを使い、どのようにプラスやマイナス要素が計測されるのかを、見ていこう。今回の値幅制

図8.1

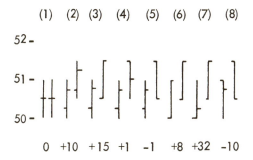

限は3.00とする。

　図8.1を見て、価格の動きとその下の数字が矛盾しているように見えなかっただろうか。それぞれのパターンの1日目の高値と安値はまったく同じなのに、計測値は−10から+32までさまざまだからである。しかし、前述の5つのプラス要素を考えながら計測すると、この理由が分かる。例えば、(7)のケースはプラス要素を最も多く含むうえ、2日間の終値の値上がり幅も最大になっている。(5)と(8)のケースは、マイナス要素がプラス要素を上回っているうえ、終値も前日より下がっており、多くのテクニカル派トレーダーが「キーリバーサル」と呼ぶパターンになっている。

　「キーリバーサル」とは、2日目が1日目よりも、

　1．始値が上
　2．高値が上
　3．終値が下

の状態を指している。

　ここで復習として、図8.1の(1)〜(8)のプラス要素を確認するとよい。
　これ以外のパターンも見ていこう。ここでも前日の終値と比べた値

図8.2

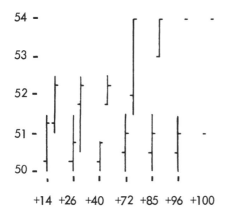

幅制限(ストップ高・ストップ安)を上下それぞれ3.00とする(カッコの番号は、**図8.1**と**図8.2**のパターン番号)。

(9) (2)と同じパターンだが、同じ最大幅に対し(9)の動きのほうが大きいので、(2)より大きい指数になっている。

(10) (9)より大きい指数になっているのは、2日間の終値の差が大きいため。

(11) 2日間の始値と終値は(10)と同じだが、2日間の安値が1日目の終値よりも上のため窓(ギャップ)ができ、高い指数になっている(窓は通常、L_2とH_1の差を計測するが、この式ではL_2とC_1の差を使う)。

(12) 2日目の終値がストップ高だが、指数は100ではなく72。

(13) これも2日目の終値がストップ高だが、窓がある分、(12)より大きい値になっている。

(14) 2日目がストップ高に張り付いたため、(13)のように2日目の取引にもレンジがあるものより大きい指数になっている。

(15) 2日間ともストップに張り付いたような取引のレンジがない

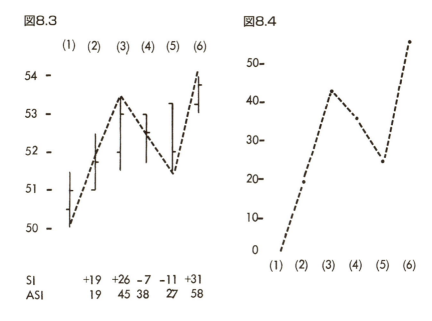

ときには、指数は100になる。

　これまで見てきたさまざまなパターンとその指数から、この式で算出する指数の特徴がつかめたと思う。そこで今度は、スイングインデックスのもうひとつの重要な役割である、スイングの判定方法について見ていくことにする。

　ほとんどのテクニカルトレーダーなら**図8.3**のチャートを見て、即座に短期のスイングを特定することができるはずである。スイングインデックスも毎日の指数の累計をグラフにして、同じ答えを出した。（**図8.4**）

　このグラフは累積スイングインデックス（ASI）と呼ばれ、前日までのスイングインデックスの値を累計したものに、今日のスイングインデックスを足して（または引いて）求めたものである。

　図8.4のグラフは、初期値のゼロに２日目の＋19を足して、２日目

図8.5

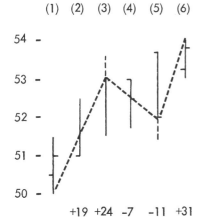

のASIは+19。3日目は2日目の+19にスイングインデックスの+26を足し、ASIは+45。4日目はスイングインデックスが−7なので、3日目のASIから引いて+38となる。

　図8.5と図8.3では、3日目の高値と5日目の安値が違っているだけだが、これだけでテクニカル派でもスイングを見分けるのは難しくなる。ところがASIならばこれも簡単に見分けられるのである。

　すべてのテクニカルトレーダーが認める決定的なスイング判別方法は、あったとしてもごくわずかだろう。おそらくスイングシステムの数だけスイング判別方法も存在するわけで、そのほかにエリオット波動論の愛用者もいる。そのなかで、**どんなルール**であろうが数学的に短期のスイングを判別できるという概念に大変な価値があるのは間違いない。

　1つの式に4本値すべてを使って、1日の取引を**相対的に表す値**に直し、すべての短期スイングを判別するのは簡単ではない。しかし、読者のなかでこれを機能するシステムにできる能力があれば、ぜひ試してほしい。

式について説明する前に、実際に数値を当てはめた結果を見てみよう。この式は、数学があまり得意ではないと多少理解しづらいように見えるが、計算そのものは加減乗除のみなので、そう難しくはない。

この式では、カッコのなかの分子**以外**はすべて絶対値を使う。

スイングインデックスの公式

$$SI = 50 \left[\frac{C_2 - C_1 + 0.5\,(C_2 - O_2) + 0.25\,(C_1 - O_1)}{R} \right] \frac{K}{L}$$

K 次の大きいほうの値
 ① $H_2 - C_1$
 ② $L_2 - C_1$

L 一方向への最大値動き幅

R ①〜③の最大値に対応する式で算出
 ① $H_2 - C_1$
 ② $L_2 - C_1$
 ③ $H_2 - L_2$

 もし①が最大なら、R ＝ $(H_2 - C_1) - 0.5\,(L_2 - C_1) + 0.25\,(C_1 - O_1)$
 もし②が最大なら、R ＝ $(L_2 - C_1) - 0.5\,(H_2 - C_1) + 0.25\,(C_1 - O_1)$
 もし②が最大なら、R ＝ $(H_2 - L_2) + 0.25\,(C_1 - O_1)$

O_1 ＝前日の始値 O_2 ＝今日の始値
H_1 ＝前日の高値 H_2 ＝今日の高値
L_1 ＝前日の安値 L_2 ＝今日の安値
C_1 ＝前日の終値 C_2 ＝今日の終値

注＝簡素化するため、カッコ内の分子をまとめてNで表すこともある。

それでは、サンプルを使い計算してみよう。

	始値	高値	安値	終値
１日目	50.50	52.00	50.00	51.50
２日目	51.80	53.00	51.30	52.80

Nの算出

$N = C_2 - C_1 + 0.5 (C_2 - O_2) + 0.25 (C_1 - O_1)$
 $= 52.80 - 51.50 + 0.5 (52.80 - 51.80) + 0.25 (51.50 - 50.50)$
 $= 1.3 + 0.5 (1.00) + 0.25 (1.00)$
 $= 1.3 + 0.50 + 0.25$
 $= 2.05$

L　今回の値幅制限は3.00

Kの算出

① $H_2 - C_1 = 53.00 - 51.50 = 1.50$
② $L_2 - C_1 = 51.30 - 51.50 = 0.20$（絶対値）
①のほうが大きい値なので、K = 1.50

Rの算出

① $H_2 - C_1 = 53.00 - 51.50 = 1.50$
② $L_2 - C_1 = 51.30 - 51.50 = 0.20$（絶対値）
③ $H_2 - L_2 = 53.00 - 51.30 = 1.70$
③が最大値なので、Rは③の式を使う。

$R = H_2 - L_2 + 0.25 (C_1 - O_1)$
 $= 53.00 - 51.30 + 0.25 (51.50 - 50.50)$
 $= 1.70 + 0.25 (1.00)$

$= 1.70 + 0.25$

$= 1.95$

すべての変数がそろったので、SIの公式に代入する。

$$SI = 50 \left[\frac{N}{R} \right] \left[\frac{K}{L} \right]$$

$$= 50 \left[\frac{2.05}{1.95} \right] \left[\frac{1.50}{3.00} \right]$$

$$= 50 \times 1.05 \times 0.50$$

$$= 26.25 \text{（四捨五入して）}$$

$$SI = 26$$

実際の計算では省略できる部分もある。例えば、Kを求めるときに算出する値は、Rの式を決めるときに必要な3つの値のうちの2つと同じになっている。また、Rの計算の一部である0.25（$C_1 - O_1$）は、Nの一部としてすでに算出してある。

このことを念頭におき、ある下落日のSIを計算してみよう。

	始値	高値	安値	終値
1日目	53.50	54.00	52.00	52.50
2日目	52.00	52.00	51.00	51.00

Nの算出

$N = C_2 - C_1 + 0.5\ (C_2 - O_2) + 0.25\ (C_1 - O_1)$

$ = 51.00 - 52.50 + 0.5\ (51.00 - 52.00) + 0.25\ (52.50 - 53.50)$

$ = -1.50 + 0.5\ (-1.00) + 0.25\ (-1.00)$

$ = -1.50 - 0.50 - 0.25$

$ = -2.25$

注＝この公式のなかでNだけは絶対値ではないため、マイナスはそのまま残す。

Kの算出
① $H_2 - C_1 = 52.00 - 52.50 = 0.50$ （絶対値）
② $L_2 - C_1 = 51.00 - 52.50 = 1.50$ （絶対値）
Kは絶対値の大きい②になるため、K＝1.50

Rの算出
① $H_2 - C_1 = 0.50$ （Kの計算より）
② $L_2 - C_1 = 1.50$ （Kの計算より）
③ $H_2 - L_2 = 52.00 - 51.00 = 1.00$
　最大の値は②なので、Rは②の式を使う。
　$R = (L_2 - C_1) - 0.5(H_2 - C_1) + 0.25(C_1 - O_1)$
　すでにNの計算で$0.25(C_1 - O_1) = -0.25$は求めてあるので、その絶対値を使用する。
　$R = (51.00 - 52.50) - 0.5(52.00 - 52.50) + 0.25$
　　$= 1.50 - 0.5(-0.50) + 0.25$
　　$= 1.50 - 0.25 + 0.25$
　　$= 1.50$

Lは今回も3.00なので、N、K、Rを代入すると、

$$SI = 50 \left[\frac{-2.25}{1.50} \right] \left[\frac{1.50}{3.00} \right]$$

　$= 50 \times -1.50 \times 0.50$
　$= -37.50$

SIの符号（＋、または－）は、Nの符号によって決まるため、NがマイナスならSIもマイナス、NがプラスならSIもプラスになる。

計算が面倒な場合は、この項の最後に載せた手順つきワークシートを活用するとよい。見出しの上には絶対値を使う列（列１から列４）かどうかを書いてあるのも便利である。それではワークシートを使い、２日目の値を算出してみよう。

絶対値を使用する値
列１　$H_2 - C_1 = 44.00 - 41.50 = 2.50$
列２　$L_2 - C_1 = 42.00 - 41.50 = 0.50$
列３　$H_2 - L_2 = 44.00 - 42.00 = 2.00$
列４　$C_1 - O_1 = 41.50 - 40.50 = 1.00$

＋、または－をそのまま使用する値
列５　$C_2 - C_1 = 43.00 - 41.50 = 1.50$
列６　$C_2 - O_2 = 43.00 - 42.00 = 1.00$
例７　$C_1 - O_1 = 41.50 - 40.50 = 1.00$

Ｎの算出
N＝列５＋1/2×（列６）＋1/4×（列７）
　＝1.50＋1/2×（1.00）＋1/4×（1.00）
　＝1.50＋0.50＋0.25
　＝2.25（列８に記入）

Ｋの算出
列１と列２で大きいほうの2.50を列９に記入。

Ｒの算出
列１、列２、列３の最大値に該当するＲを計算する。
もし列１が最大なら、R＝列１－1/2×（列２）＋1/4×（列４）

もし列2が最大なら、R＝列2－1/2×（列1）＋1/4×（列4）
もし列3が最大なら、R＝列3＋1/4×（列4）
今回は列1が最大なので、
R＝2.50－1/2×（0.50）＋1/4×（1.00）
　＝2.50－0.25＋0.25
　＝2.50（列10に記入）

Lの3.00を列11に記入。

SIの算出

$$SI = 50 \left[\frac{列8}{列10} \right] \left[\frac{列9}{列11} \right]$$

$$= 50 \left[\frac{2.25}{2.50} \right] \left[\frac{2.50}{3.00} \right]$$

$$= 50 \times 0.90 \times 0.83$$

$$= 37.35（四捨五入して）$$

SI＝37

次は、下落日の値を、ワークシートを使い計算してみよう。今日（2日目）はワークシートでは3日目、前日（1日目）はワークシートの2日目に当たる。

絶対値を使用する値
　列1　$H_2 - C_1 = 43.50 - 43.00 = 0.50$
　列2　$L_2 - C_1 = 41.50 - 43.00 = 1.50$（絶対値）
　列3　$H_2 - L_2 = 43.50 - 41.50 = 2.00$
　列4　$C_1 - O_1 = 43.00 - 42.00 = 1.00$

＋、または－をそのまま使用する値

列5　$C_2 - C_1 = 42.00 - 43.00 = -1.00$

列6　$C_2 - O_2 = 42.00 - 42.80 = -0.80$

列7　$C_1 - O_1 = 43.00 - 42.00 = 1.00$

Nの算出

$$N = 列5 + 1/2 \times （列6） + 1/4 \times （列7）$$
$$= -1.00 + 1/2 \times （-0.80） + 1/4 \times （1.00）$$
$$= -1.00 + （-0.40） + 0.25$$
$$= -1.15（列8に記入）$$

Kの算出

列1と列2の大きいほうである1.50を列9に記入。

Rの算出

列1、列2、列3のうち、列3が最大なので、

$$R = 列3 + 1/4 \times （列4）$$
$$= 2.00 + 1/4 \times （1.00）$$
$$= 2.00 + 0.25$$
$$= 2.25（列10に記入）$$

Lは、今回も3.00を列11に記入する。

SIの算出

$$SI = 50 \left[\frac{列8}{列10} \right] \left[\frac{列9}{列11} \right]$$

$$= 50 \left[\frac{-1.15}{2.25} \right] \left[\frac{1.50}{3.00} \right]$$

$= 50 \times (-0.51) \times 0.50$

$= -12.75$（四捨五入して）

SI $= -13$

　前述のASI（累計スイングインデックス）は、スイングインデックスを累計した値で、プラスなら長期トレンドが**上昇**、マイナスなら長期トレンドが**下落**していることを表している。また、長期トレンドに方向性がない場合、ASIの値はプラスとマイナスの値を行き来する。

　ワークシートでは、１日目のASIはスイングインデックスと同じ値になる。２日目はSIが－13なので、１日目の37から引いてASIは24。

　ワークシートの見出しの上には列の値と４本値を使い、スイングインデックスやASIの値を求めるための式が簡単にまとめてある。これを使えば計算が苦手でもこれらの数値を求めるのはさほど大変ではないだろう。料理本と同じで、材料をそろえ（列を埋め）、手順に従えば出来上がる。

　今回のサンプルワークシートは、４日目～８日目の列を計算練習用に空けてあるので、この時点で復習を兼ねて活用してほしい。答えはスイングインデックスとASIの数値で確認できる。本書で取り上げたすべてのシステムやインデックス同様、このシステムの白紙のワークシートも巻末に添付してあるので、コピーして日々の分析に役立ててほしい。

　ここでスイングインデックスの重要ポイントを復習しよう。
- 日々のトレードを０～＋100、または０～－100の間の数値で表す。
- 明確な短期のスイングポイントを教えてくれる。
- ４本値の間に隠れたマーケットの強さと方向を示す１本の線を示してくれる。

多くの優れたシステムや理論は1つ、または**複数の**インデックスを組み合わせて構築されている。もしすでに気に入ったスイング理論や波動理論がある場合は、時間をかけてスイングを判別する代わりに短期のスイングを見分ける簡単な方法として、このシステムを補助的に使うことも可能である。また、スイングインデックス以外のシステムと併用し、ブレイクアウトのシグナルとして使うこともできる。ブレイクアウトは上昇時ならASIが主要なハイスイングポイント（HSP）を**上回った**とき、下落時なら主要なロースイングポイント（LSP）を**下回った**ときがシグナルになる。

　ASIのグラフを価格チャートに書き入れ、それぞれのトレンドラインを引いて比較するとよい。これらのトレンドラインが正確に引けていれば、ASIのトレンドラインで価格のブレイクアウトポイントを確認することができる。なぜなら、バーチャートをもとに引いたトレンドラインのブレイクは、ASIのトレンドラインでは確認されないことが多いからである。これはASIの終値の比重が大きいため、日中、一時的に価格が上下してもインデックスにはさほど影響がないからである。

　このASIをもとに、非常に簡単なスイングシステムを考案した。このシステムでは、ASIが形成するHSPやLSPに注目していく。

スイングインデックス・システム

　このシステムのトレードは、ブレイクアウトから始まる。例えば、**図8.6**のように、ASIが主要なHSPを上回れば翌日買い、主要なLSPを下回れば翌日売る。

　トレードを開始したら、前回のスイングポイントがこのインデックスのSAR（ストップ＆リバース）になる。買いトレードであればインデックスSARは前回のHSP、売りトレードであれば前回のLSPがそれ

に当たる。また、インデックスSARのトレイリングストップも設定する。これは、上昇相場であれば直近の高値から60ポイント引いた値で、売りトレードであれば直近の安値に60ポイントを加えた値になる。ちなみに60ポイントは**価格ではなく**、ASIの単位である。

図8.8では、ASIがこれまでの重要なHSPであるAをブレイクしたDで、まず買いに入る。このとき、60ポイントトレイリングインデックスSARより近いCがインデックスSARになるが、Dが形成された時点で新しいインデックスSARはDに変わる。

もうひとつ大事なルールがある。マーケットが停滞してちゃぶついたときに損切りするための手順である。買いトレードなら新HSPの形成後、**最初の**LSPをインデックスSARに設定する。このSARは次に**新高値**が更新され、その後、**最初の**LSPが形成されるまで続き、その後は直近のLSPが新SARになる。

図8.8ではASIがEで新高値を更新し、その後、最初のLSPであるFが形成された。Fが確定すると、それが新しいインデックスSARになり、次の新高値であるJとそれ以降、最初のLSPであるKが形成されるまで変わらない。60ポイントトレイリングストップは**常に**その時点の新高値から60ポイント下になるため、新HSPが更新されたあとのSARは一定値になる。また、60ポイントトレイリングインデックスSARは常にSARを兼ねている。

ポイントKは、新HSPを付けたあとの最初のLSPである。ASIは、Lまで戻してからKを下に抜けた。これは典型的な失敗したスイングを形成しているため、Kでドテン売りに転じる。ドテンするとインデックスSARは60ポイントトレイリングインデックスSARより近い直近のHSPであるLに変わる。

次は**図8.9**で、売りトレードを見ていこう。Aは新LSPで、その後**最初の**HSPであるBがSARも兼ねている。ここから注意してほしい。ASIはDまで下落してから**最初の**HSPであるEを形成したあと、再び

第8章　スイングインデックス

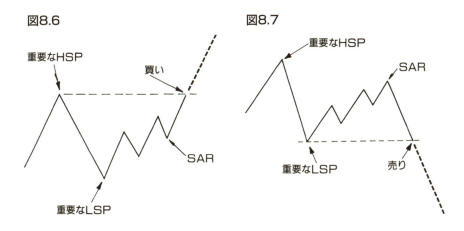

図8.6

図8.7

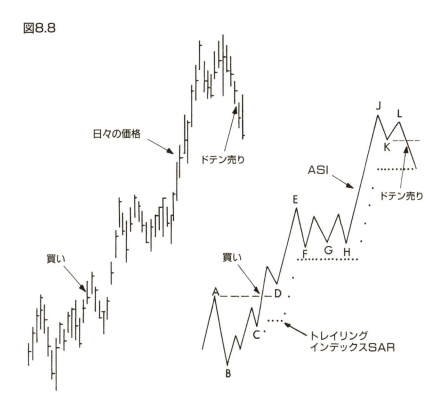

図8.8

153

一気にFまで下げ、また一気に上昇している。このとき、EとFの間にスイングポイントは形成されていないため、60ポイントASIトレイリングストップは、一番近いインデックスSARになり、そこでドテン買いに転じるのである。

ドテン後、新高値のGとその後の**最初の**LSPであるHが形成された。このときのインデックスSARはHで、次に新HSPと**最初の**LSPが形成されて、新LSPが新インデックスSARになるまで続く。

今まで見てきたLSPやHSPは**すべて**ASIのグラフが形成するポイントである。ワークシートには、これらのポイントが形成された日の列12の数値の横にHSPまたはLSPと書き添えてある。もちろんこれらのスイングポイントは翌日にならないと判明しないため、あとから書き入れることになる。

システムの概念が分かったところで、最後にHSP、LSP、そして（スイングインデックスによる）インデックスSARに対応する価格のHIPとLOPを定義する。このシステムは、実質的にはASIのグラフに沿ってトレードするため、仕掛けや手仕舞い、ドテンのシグナルは**価格**からではなく、SIの式から算出したスイングインデックスから出ている。

実際のトレードでは、ASIのシグナルはそのままでは使えないため、それを価格に置き換える必要がある。実際の仕掛けや手仕舞いは、HSP、LSP、インデックスSARに対応する価格で行うからである。

スイングインデックスのHSPやLSPに該当する価格は第1章で定義したHIP（前後のバーの高値が両方とも安い状態）や、LOP（前後のバーの安値が両方とも高い状態）に当たる。HIPはHSPと同日に起きることが多く、その日の高値がSARとなる。もしLSPと同じ日に最安値を付けた場合は、その日の安値であるLOPがSARになる。

図8.10では、HSPは5日目で、HIPは6日目に形成されている。たしかに6日目の**価格**は5日目より高く、6日目のスイングインデック

第8章 スイングインデックス

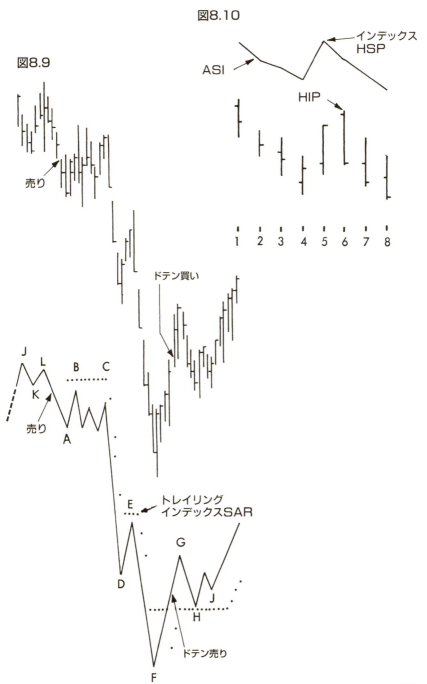

スはマイナスになっているが、これは6日目が高く始まり、安く引けたうえ、終値が前日に比べかなり下がっていることを考えれば、当然の結果といえる。

　図8.10で売りのポジションを持っていれば、HSPを付けた5日目よりHIPの6日目をSARとするほうがよいことは明らかである。

　図8.11では、6日目がLOPだが、LSPは5日目に形成されている。このようにASIのHSPとLSPが価格のHIPとLOPより1日前に現れることは珍しくない。

　図8.11で買いポジションを持っていれば、LSPは5日目であっても6日目のLOPをSARにする。

　もしHIPとHSPが同じ日であれば、そのことは翌日には分かる。しかし、**図8.10**のように売りトレードで6日目が終わり、インデックスのHSPは確認できたものの、HIPではない場合には、**HSPはHIPより1日早いことを想定して**、ブローカーには6日目の高値を7日目のSARとして注文を出す。

　もし**図8.11**のように買いトレードであれば、LOPに関しても同じ理由でSARは6日目の安値となる。

　図8.12のケースでは、最も近いSARが60ポイントトレイリングインデックスSARになっていたところ、マーケットが終わるのを待ち、その日のASIを計算すると、買いポジションに対し、−65ポイントも離れてしまっている。このような場合は、翌日の始値でドテンするのではなく、HSPから60ポイントをプロットし始めて以来の**安値**をSARとして使う。ちなみに、この値は**今日の安値**であることが多い。

　このシステムを使っているうちに、価格が−60ポイントかそれ以上離れた安値には戻らず、方向を変え、翌日には新高値を更新するというパターンが多いことに筆者は気づいた。また、注文と価格が近いときは、注文を出すのを翌日の寄り付きではなく、5分後まで我慢するほうがよいことも分かってきた。取引時間の最初と最後の5分間は、意

図8.11

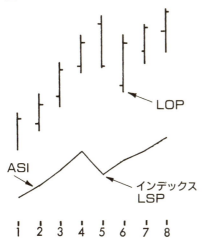

図8.12

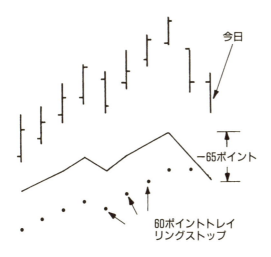

味のない大スイングでストップオーダーに達してしまう可能性が高いからである。筆者は個人的には、価格の動きが注文と近いとき、寄り付きで売買を執行するのは好まない。そのため価格が近づいてくると、ストップオーダーを取引終了の15分前に「終値のみで有効なストップ」に変えることすらある。

次のページにスイングインデックスシステムの定義とルールをまとめてある。サンプルのワークシートの説明とともに役立ててほしい。

スイングインデックス・システムのルール

定義

HSP　ハイスイングポイント。前後の日より大きいASIの価格。
LSP　ロースイングポイント。前後の日より小さいASIの価格。
SI　　スイングインデックス。公式で求める。
ASI　累計スイングインデックス。前日までの累計ASIに今日のSIを加減した値。
SAR　価格のストップ＆リバースポイント。
インデックスSAR　ASIのスイングポイントをもとに算出したSAR。
トレイリングインデックスSAR　その時点のASIの新高値（新安値）より60ポイント下（上）の点。

ルール

仕掛け
A．ASIがその時点で直近の重要なHSPを上抜いたら買う。
B．ASIがその時点で直近の重要なLSPを下抜いたら売る。

インデックスSAR
A．買いの場合　①買いに転じた直後のSARは前回のLSP。
　　　　　　　　②その後のSARはHSP形成後、最初のLSP。
B．売りの場合　①売りに転じた直後のSARは前回のHSP。
　　　　　　　　②その後のSARはLSP形成後、最初のHSP。

トレイリングインデックスSAR
A．買いの場合　最も高いHSPと、ASIが60ポイント以上下がった

　　　　　　日の終値の間の最安値。
Ｂ．売りの場合　最も安いLSPと、ASIが60ポイント以上上がった
　　　　　　日の終値の間の最高値。
注＝ルールにはASIについてのみ載せてあるが、実際のアクション
　　ポイントは本文の説明に従い、価格と対応させていく必要があ
　　る。

スイングインデックス・システムの記入例

10日目

前回のHSPは104（列13）とHIP46.00はともに6日目だった。その後10日目に、ASIは104を初めて超えたため、11日目に46.05で買う（46.00より1～2ポイント上）。このときのストップポイントは7日目に付けた前回のLSPに対応するLOPの43.00。

14日目

ASIで新高値を付けた133以降、**最初の**LSP。ASIによるLSPが価格によるLOPと同じ日になったことに注目すると、14日目のSARは13日目の安値である45.00になる。価格はこのあと、19日目の61.80まで一気に上昇した。

20日目

ASIは459という高い値から、LSPを形成しないまま64ポイントも下げ、インデックスSARに達した。現在のポジションになってから最大のASIと20日目の終値の間の最安値は通常どおり20日目の安値になったため、21日目にSARの56.45（最安値の1～2ポイント下の値）で手仕舞う。

21日目

SARに達したため、56.45で売る。新SARは直近のHSPでもある、19日目のHIPである61.80。

23日目

22日目がHSPだったことが分かったが、HIPだったかどうかは確認できていない。そこでHSPがHIPよりも1日前であると想定し、とり

あえず23日目のHIPをSARにする。22日目のHSPは21日目の新LSP後、最初のHSPなので、SARは57.50に1～2ポイント足した値とする。

27日目

ASIは25日目に340で底を更新し、その後最初のHSPが26日目だったことが判明した。26日目も27日目もHIPは55.00なので、この値が新SARになる。

28日目

価格がSARを超えたため、55.05で買う。新SARは27日目のLSPに対応するLOPの53.00になる。

31日目

29日目にASIが新HSPの447を付けたあと、31日目に最初のLSPが形成されたため、SARはこのLSPに対応する59.00。

32日目

58.95で売る。SARは前回のHSPに対応する61.50。

35日目

ASIは33日目に安値を更新して383になったあと、スイングして34日目に最初のHSPである385になった。このHSPは35日目に確定し、これに対するSARは58.50。

39日目

ASIは36日目に安値を更新し257まで下がったあと、**最初の**HSPである310が38日目だったことが分かった。

41日目

40日目がHSPだったことが判明するが、その前にASIは安値を更新していないため、SARは55.00のまま変わらない。

42日目

ASIはHSPの289を超え、296まで上がったが、直近の安値である257か、その後の**最初の**HSPである310をブレイクするまでは、何もしない。

45日目

ASIは43日目に安値を更新して254になった。その後、**最初の**HIPが45日目に確認されたため、SARは44日目のHIPである52.50に変わる。

46日目

52.55で買う。新SARは45日目のLSPに対応するLOPの49.00。

スイングインデックス・システムは、ADXR(平均ディレクショナル・ムーブメント・インデックス・レーティング)の値が大きい銘柄で運用したとき、最も良い成績を収めることができる。通常の使い方以外に、2回続けて損切りしたときは一度手仕舞いをし、また仕掛けの手順に従ってトレードを再開する方法もある。

この章の最後のチャートは、ココアのマーケットで1年間、このシステムを運用したものである。

第8章 スイングインデックス

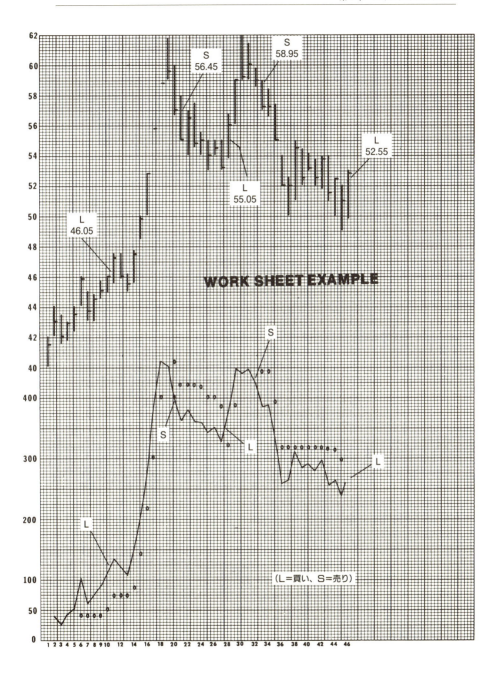

デイリーワークシート──スイングインデックス・システム

日付	始値	高値	安値	終値	(1) H_2-C_1	(2) L_2-C_1	(3) H_2-L_2	(4) C_1-O_1	(5) C_2-C_1	(6) C_2-O_2	(7) C_1-O_1	(8) N
1	40.50	42.00	40.00	41.50								
2	42.00	44.00	42.00	43.00	2.50	.50	2.00	1.00	1.50	1.00	1.00	2.25
3	42.80	43.50	41.50	42.00	.50	1.50	2.00	1.00	-1.00	-.80	1.00	-1.15
4	41.70	43.00	42.90									
5	43.00	44.00	42.30	43.50								
6	44.50	(46.00)	44.00	45.80								
7	44.80	45.00	(43.00)	43.50								
8	43.00	44.80	(43.00)	44.50								
9	44.70	45.70	44.50	45.00	1.20	0	1.20	1.50	.50	.30	1.50	1.03
10	45.00	46.00	44.90	46.00	1.00	.10	1.10	0	1.00	1.00	.30	1.58
11	45.80	47.50	45.50	47.20	1.50	.50	2.00	1.00	1.20	1.40	1.00	2.15
12	47.00	47.50	45.80	46.00	.30	1.40	1.70	1.40	-1.20	-1.00	1.40	-1.35
13	46.20	46.20	(45.00)	45.50	.20	1.00	1.20	1.00	-1.00	-.70	-1.00	-1.10
14	45.80	47.70	45.50	47.50	2.20	0	2.20	.70	2.00	1.70	-.70	2.67
15	48.50	50.00	48.40	49.80	2.50	.90	1.60	1.70	2.30	1.30	1.30	3.38
16	50.00	52.80	50.00	52.80	3.00	.20	2.80	1.30	3.00	2.80	1.30	4.73
17	55.80	55.80	55.80	55.80	3.00	3.00	0	2.80	3.00	0	2.80	3.70
18	58.80	58.80	58.80	58.80	3.00	3.00	0	0	3.00	0	0	3.00
19	61.80	(61.80)	59.50	59.50	3.00	.20	2.80	0	.70	-2.30	0	-.45
20	60.00	60.00	(56.50)	57.00	.50	3.00	3.50	2.30	-3.00	-3.00	-2.30	-4.58
21	57.50	58.00	55.00	55.00	1.00	2.00	3.00	3.00	-2.00	-2.50	-3.00	-4.00
22	54.00	57.00	54.00	56.50	2.00	1.00	3.00	2.50	1.50	2.50	-2.50	2.12
23	57.00	(57.50)	54.70	54.80	1.00	2.00	3.00	2.50	-1.70	-2.20	2.50	-2.17
24	54.50	55.00	54.00	55.00	0	.80	1.50	2.20	.20	.50	-2.20	-1.00
25	54.50	(55.00)	53.00	54.00	0	2.00	2.00	.50	-1.00	-.50	.50	-1.12
26	54.00	55.00	54.00	54.50	1.00	0	1.00	.50	.50	.50	-.50	.62
27	55.00	55.00	(53.00)	53.20	.50	1.50	2.00	.50	-1.30	-1.80	.50	-2.07
28	53.80	56.80	53.80	56.00	3.60	.60	3.00	1.80	2.80	2.20	-1.80	3.15
29	56.50	59.00	56.00	59.00	3.00	0	3.00	2.20	3.00	2.50	2.20	4.80
30	62.00	62.00	(59.00)	59.20	.20	2.52	.20	2.80	2.52	-.57		
31	59.50	(61.50)	(59.00)	60.00	2.30	.20	2.50	2.80	.80	.50	-2.80	.35
32	59.50	59.80	58.50	59.00	.20	1.50	1.30	.50	-1.00	-.50	.50	-1.12
33	58.50	59.00	57.00	57.20	0	2.00	2.00	.50	-1.80	-1.30	-.50	-2.58
34	57.00	(58.50)	56.50	57.00	1.30	.70	2.00	1.30	.30	.50	-1.30	.22
35	57.00	57.50	55.00	55.00	0	2.50	2.50	.50	-2.00	-2.00	.50	-3.37
36	54.00	54.00	52.00	52.00	1.00	3.00	2.50	1.50	-3.00	-2.00	-2.00	-4.50
37	50.00	52.50	50.00	52.00	.50	2.00	2.50	2.00	0	2.00	-2.00	.50
38	52.00	(55.00)	51.00	54.50	3.00	1.00	4.00	2.00	2.50	2.50	2.00	4.25
39	54.00	54.50	52.00	52.50	0	2.50	2.50	2.50	-2.00	-1.50	2.50	-2.12
40	53.00	54.20	52.00	53.20	1.70	.50	1.20	1.50	.70	.20	-1.50	.42
41	53.50	53.80	52.00	52.50	.60	1.20	1.80	.20	-.70	-.20	.20	-1.15
42	52.00	54.00	51.80	53.80	1.50	.70	2.20	1.00	1.30	1.80	-1.00	1.95
43	54.00	54.00	51.00	51.50	.20	2.80	3.00	1.80	-2.30	-2.50	1.80	3.10
44	51.00	(52.50)	50.00	52.50	1.00	1.50	2.50	2.50	2.50	1.50	-2.50	1.12
45	52.00	52.00	(49.00)	51.00	.50	3.50	3.00	1.50	-1.50	-1.00	1.50	-1.62
46	51.00	53.00	49.80	52.80	2.00	1.20	3.20	1.80	1.80	1.80	-1.00	2.45
47	52.40	54.20	52.00	54.00	1.40	.80	2.20	1.80	1.20	1.60	1.80	2.45

第8章 スイングインデックス

列 8　(5)＋1/2 (6)＋1/4 (7)
列 9　(1) と (2) の大きい方
列10　もし (1) が最大なら (1)−1/2 (2)＋1/4 (4)
　　　もし (2) が最大なら (2)−1/2 (1)＋1/4 (4)
　　　もし (3) が最大なら (3)＋1/4 (4)
列11　値幅制限
列12　50×(8)÷(10)×(9)÷(11)

銘　柄＿＿＿＿＿＿＿

限　月＿＿＿＿＿＿＿

(9) K	(10) R	(11) L	(12) SI	(13) ASI	SAR	アクションと注文
2.50	2.50	3.00	37	37		
1.50	2.25	3.00	-13LSP	24		
			15	39		
			11	50		
			54HSP	(104)		
			-45LSP	59		
			15	74		
1.20	1.58		13	87		
1.00	1.18		22	109		
1.50	2.25		24HSP	133	43.00	L-46.05
1.40	2.05		-16	117		
1.00	1.45		-13LSP	(104)		
2.20	2.38		41	145	45.00	
2.50	2.48		57	202		
3.00	3.23		73	275		
3.00	2.20		84	359		
3.00	1.50		100HSP	459		
3.00	2.90		-8	451		
3.00	4.08	-64	-56	395	56.50	Accum
2.00	3.75		-36LSP	359	61.80	S-56.45　　　+10.40
2.00	3.63		20HSP	379		
2.00	3.63		-20	359	57.50	
.80	2.05		-1	358		
2.00	2.13		-18LSP	340		
1.00	1.13		9HSP	(349)		
1.50	2.13		-25LSP	324	55.00	
3.60	3.75		55	379	53.00	L-55.05　　　+1.40　　　+11.80
3.00	3.55		68HSP	447		
3.00	3.63		-8LSP	439		
2.30	3.20		4HSP	(443)	59.00	
1.50	1.53		-19	424	61.50	S-58.95　　　+3.90　　　+15.70
2.00	2.13		-41LSP	383		
1.30	2.33		2HSP	(385)		
2.50	2.63		-53	332	58.50	
3.00	3.00		-75LSP	257		
2.00	3.00		6	263		
3.00	4.50		47HSP	(310)		
2.50	3.13		-28LSP	282	55.00	
1.70	1.83		7HSP	(289)		
1.20	1.85		-13LSP	276		
1.50	2.45		20HSP	296		
2.80	3.45		-42LSP	254		
1.50	3.13		9HSP	(263)		
3.50	3.62		-27LSP	236	52.50	
2.00	3.45		24	260	49.00	L-52.53　　　+6.40　　　+22.10
1.40	2.65		22	282		

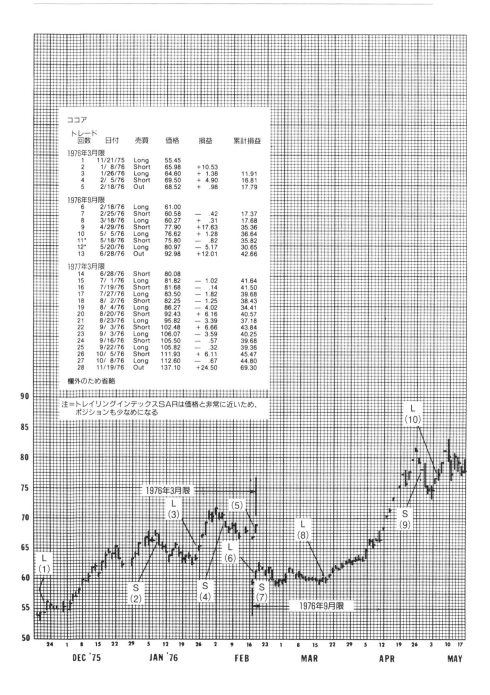

第8章 スイングインデックス

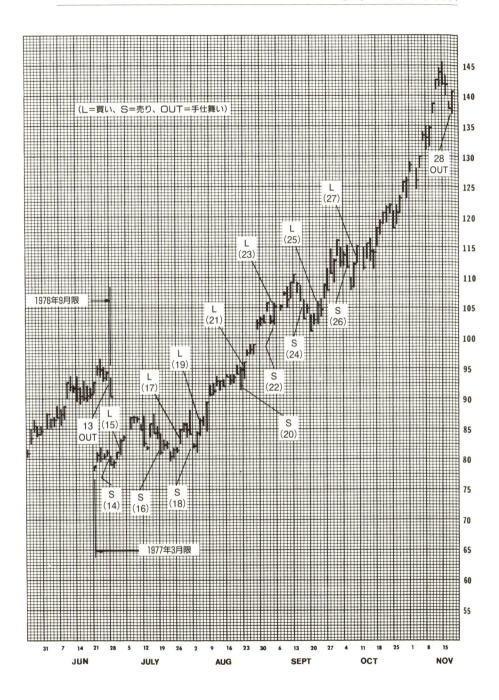

第9章 CSI（銘柄選択指数）

The Commodity Selection Index

　これまで株や商品の価格の値動きについて、第3章では変動の大きさ、第4章では方向性という観点から学んできた。

　ただ、ボラティリティは値動きを表す方法のひとつではあるものの、値動きが必ずボラティリティを伴うものではないため、例えば価格がゆっくりと上昇した場合、ADXR（方向性指数）は高いのに、ボラティリティインデックスは低いということもあり得る。

　これが、トレンドフォローシステムで最も重要な指標がADXRになる所以である。だがその反面、短期間で最も利益を出せる機会が多いのは、株や商品の価格が変動している時期だというのも事実である。もし変動の激しいマーケットでリスクをとりたくないトレーダーは、ADXRの値が高い期間のみ、自分の性格や資金力に合ったトレードを行うべきだろう。

　しかし、資金量があり、一貫した利益を出したいトレーダーは、次の要素をすべて備えたCSI（銘柄選択指数）を使用することもできる。
①ディレクショナルムーブメント
②ボラティリティ
③証拠金
④手数料

CSIはこれらの要素を、上の順番の比重で織り込んだ指数で、公式は次のようになる。

$$\text{CSI} = \text{ADXR} \times \text{ATR}_{14} \, \frac{V}{\sqrt{M}} \times \frac{1}{150+C} \, 100$$

ADXR　ADXレーティング
ATR$_{14}$　真のレンジ（TR）の14日間平均
V　　　価格が1セント動くときの損益変化（ATR$_{14}$のドル増加分）
$\sqrt{M}$　　証拠金（ドル）
C　　　手数料（ドル）
注 = 1 ÷（150 + C）は、小数点第4位まで求める。

それではサンプルを使い、詳しく見ていこう。ここに2つの商品のデータがある。

	ADXR	ATR$_{14}$	証拠金	手数料	1セント分の損益変化
大豆	50	15セント	3000ドル	45ドル	50ドル
ポークベリー	37	1.7セント	1500ドル	60ドル	360ドル

大豆のCSI

$$\text{CSI} = 50 \times 15.00 \left[\frac{50}{\sqrt{3000}} \right] \left[\frac{1}{150+45} \right] 100$$

$$= 50 \times 15.00 \left[\frac{50}{54.77} \right] \left[\frac{1}{195} \right] 100$$

$$= 50 \times 15.00 \times 0.91 \times 0.0051 \times 100$$

$$= 348$$

ポークベリーのCSI

$$\text{CSI} = 37 \times 1.70 \left[\frac{360}{\sqrt{1500}} \right] \left[\frac{1}{150+60} \right] 100$$

$$= 37 \times 1.70 \left[\frac{360}{38.73} \right] \left[\frac{1}{210} \right] 100$$

$$= 37 \times 1.70 \times 9.30 \times 0.0048 \times 100$$

$$= 280$$

よって、CSIの値は大豆のほうが大きい。

ここでもう一度、CSIの公式に戻り、日々の計算で省略できる部分を見ていこう。まず、証拠金や手数料が変更にならないかぎり、カッコのなかは定数だといえる。100も定数なので、Kを定数として式を書き換えると次のようになる。

$$\text{CSI} = \text{ADXR} \times \text{ATR}_{14} \times K$$

つまり、各商品のKは一度計算すれば、それ以降は変更がないかぎり、ADXRとATR$_{14}$を当てはめるだけで、日々のCSIが算出できる。これを使い、前出の大豆とポークベリーの指数をもう一度計算していこう。

大豆のCSI（前出の計算）

$$\text{CSI} = 50 \times 15.00 \left[\frac{50}{\sqrt{3000}} \right] \left[\frac{1}{150+45} \right] 100$$

Kを使った計算

$$K = \left[\frac{50}{\sqrt{3000}}\right]\left[\frac{1}{150+45}\right]100$$
$$= 0.91 \times 0.0051 \times 100$$
$$= 0.4641$$

$$CSI = ADXR \times ATR_{14} \times K$$
$$= 50 \times 15 \times 0.4641$$
$$= 348$$

ポークベリーのCSI

$$K = \left[\frac{360}{\sqrt{1500}}\right]\left[\frac{1}{150+60}\right]100$$
$$= 9.30 \times 0.0048 \times 100$$
$$= 4.464$$

$$CSI = ADXR \times ATR_{14} \times K$$
$$= 37 \times 1.70 \times 4.464$$
$$= 280$$

ディレクショナルムーブメント・インデックスのワークシートは、一番右の3つの列がADXR、ATR_{14}、CSIになっており、そのすぐ上にKを書く場所も設けてあるので、CSIの日々の計算には、これを使ってもよい。

ディレクショナルムーブメントの章で説明したとおり、ADXRは最新のADXと14日前のADXを足して2で割ったもの、ATR_{14}は14日分のATRを14で割ったものである。CSIは「ADXR×ATR_{14}×K」の式で求め、該当日のディレクショナルムーブメントのワークシートに書

き込む。

　ここで極端な例を見てみよう。コーヒーのADXRが最高レベルの70、ボラティリティインデックスのATR$_{14}$が3.75セントだったとする。

　これは、価格が1セント動けば、375.00ドルの損益が出るということなので、1日平均3.75セント×375.00＝1406.25ドル動くことになり、悪くない数字である。しかし、1枚の証拠金9000ドルと手数料85.00ドルがかかるとすると、前の大豆の例と比べ、このトレードの結果はどうなるのだろう。具体的に見ていこう。

	ADXR	ATR$_{14}$	証拠金	手数料	1セント分の損益変化
大豆	50	15セント	3000ドル	45ドル	50ドル
コーヒー	70	2.68セント	9000ドル	85ドル	375ドル

コーヒーのCSI

$$CSI = 70 \times 2.68 \left[\frac{375}{\sqrt{9000}} \right] \left[\frac{1}{150+85} \right] 100$$

$$= 70 \times 2.68 \left[\frac{375}{94.87} \right] \left[\frac{1}{235} \right] 100$$

$$= 70 \times 2.68 \times 3.95 \times 0.0043 \times 100$$

$$= 318$$

　大豆のCSIは348だったので、大豆のほうが全般的な評価は高いことになる。確認してみよう。

　大豆の1日平均の動きは、15セント×50.00＝750ドルで、これはコーヒーの約半分になっている。さらに、大豆はディレクショナルムーブメントの数値もコーヒーに比べて小さい。

　次は、コーヒーと大豆のトレードを追っていく。これを見れば、CSI

の式が算出する数値の意味がさらによく分かると思う。まず、2つの前提条件を設定する。

1．ADXRはコーヒーが70、大豆が50なので、コーヒーは70％、大豆は50％価格が動いたとする。
2．両方とも10日間のトレードを行う。

コーヒー
1日平均　　1406.25ドル×10日間×70％＝　　　9843.75ドル
　　　　　　　　　　　　　　　手数料　－　　85.00ドル
　　　　　　　　　　　　　　　利益　　　　9758.75ドル

大豆
1日平均　　750ドル×10日間×50％＝　　　3750.00ドル
　　　　　　　　　　　　　手数料　－　　45.00ドル
　　　　　　　　　　　　　利益　　　　3705.00ドル

しかし、証拠金の違いによって、実際にはコーヒー1枚に対し、大豆は3枚できるため、大豆の利益は、以下のとおりである。
3705.00ドル×3枚＝1万1115.00ドル

そこでCSIの数値と実際の利益を比較してみよう。

CSIの数値
大豆のCSI　　　　　348
コーヒーのCSI　　－318
　　　　　　　　　　30÷318＝9％

実際の利益
大豆　　　　　１万1115.00ドル
コーヒー　　－　　9758.75ドル
　　　　　　　　1356.25÷9758.75＝13.9％

　ADXRは、大豆がコーヒーよりも９％有利な取引だということを表しているが、実際の利益は13.9％も上回っていた。
　われわれが扱うトレードというものは、自然科学とは少し違い、証拠金など、いくつかの要素とボラティリティやディレクショナルムーブメントとが常に一定の関係を保つわけではない。ただ、一定ではなくても証拠金とインデックスには相関関係が存在するため、CSIの式ではこれらの要素を常に考慮して最適な状況を判断するようになっている。
　一般的に必要証拠金は市場の動きから少し遅れる形で推移し、上がるのも下がるのも遅くなる。CSIはこの遅れを利用して、投資金額に対して最大の利益が出るように工夫してある。
　テクニカルシステムの多くがトレンドフォロー型だが、商品相場がはっきりしたトレンドモード（ディレクショナルムーブメント・インデックスが高い状態）にあるのは、実は全体の30％程度しかない。**もし常に同じ株式または商品を追いかけているトレーダーがいるとしたら、70％の期間に出した損失を超える利益を残り30％で上げていることになる。このやり方と、CSIの高い５～６種類の商品をトレードする方法のどちらが効率的かを比較して考えてほしい。それが筆者の本当の狙いであり、本書を書いた理由でもある。**

第10章 資金管理

Capital Management

　本書が提案する優れたテクニカルトレードの必須条件は、次の3つに集約されている。
1．優れたテクニカルシステムを使う
2．市場と時期に合ったシステムを使う
3．資金を正しく管理する

　このなかで最も重要なのが3なのだが、そのことを分かっていても実行するのは難しい。タイミング良く集中投資をして大儲けをすると、だれもが次のような状態に陥ってしまうことが多いためである。
1．自意識と自信過剰になり、次もまた儲かると思ってしまう。
2．急に大金を手にしたため、元手になった資金が何年もかけて貯めたものだということを忘れてしまう。

　筆者の知り合いに、賢いビジネスマンがいる。小学校4年生までの教育しか受けておらず、財産といえば馬一頭と小さな製材所だけだったが、土地と木材のディーリングで、彼は大富豪になった。その彼が語った忘れられない一言を紹介しよう。「若い投資家諸君、大きな儲けを手にしたときは、まずその金額に**慣れる**ことだ。半年間手をつけず

に寝かせておけば、その資金は感覚的にも**自分のものになり**、慎重な使い方ができるようになる」

多くの人が一生かけても学ぶことのできないことを、彼は会得していたのである。

筆者が考える資金管理の概念は、次の2つに集約されている。
1．1つの商品に手持ち資金の15％以上はつぎ込まない。
2．一度に手持ち資金の60％以上は動かさない。

これらはあくまで上限であり、できればCSI（銘柄選択指数）の最も高い6種類の商品に、それぞれ手持ち資金の10％を超えないように投資するのが望ましい。筆者自身も自己資金を含め、運用はすべてこのルールを守っている。

ここでもうひとつ、考えてほしいテーマがある。かつてフェニキア人やローマ人が活発に市場取引を行い、ギリシャの七賢人のひとりがオリーブ油で大儲けした時代から変わっていない問題である。

損失が膨らむにつれ、それを回復するために必要な利益は幾何学的に増えていく。例えば、もし15％の資金を失ったら、それを取り戻すためには17.6の利益が必要になる。しかし、これがもし30％の損失だと必要な利益は42.9％に、50％なら100％にと膨らんでいく。

このことをまとめたのが、次のページの表である。筆者はこの小さな表を仕事机の近くの壁に張り、資金管理の大切さを常に思い起こすようにしている。

当初の資金に対する 損失の割合（%）	補填に必要な 利益の割合（%）
5	5.3
10	11.1
15	17.6
20	25.0
25	33.3
30	42.9
35	53.8
40	66.7
45	81.8
50	100.0
55	122.0
60	150.0
65	186.0
70	233.0
75	300.0
80	400.0
85	567.0
90	900.0

おわりに

　本書の冒頭に、ひとつのシステムを使って、すべての市場において**安定した利益**を上げることはできないと述べた。トレンドフォローのシステムは、**方向性のある**市場では一貫して利益を上げる反面、**方向性がなくなる**と一貫して損失を出してしまう。つまりトレーダーに必要なのは、手持ちのデータを使って方向性を見極め、それを数値に置き換える方法だということになる。

　これに対する筆者の答えは、ディレクショナルムーブメント・インデックスである。これが最善あるいは最終的なものかどうかは分からないが、筆者の知るかぎりでは最初の決定的な打開策だと思う。

　筆者はこれまでにも検証とチェックを重ね、「究極の方法」だと思えるシステムをいくつか考案してきた。そしてそのたびに研究に没頭するのはやめて、このシステムでトレードをしていこうと思うのだが、結局、また今朝のように、夜中の3時に目が覚めて、新しい概念を思いついてしまう。こうなると、もうそれを追求するほかはなく、これは永遠に終わることのない研究ではないかと思うこともある。

　もし早朝の啓示がこの先も続くのなら、いつの日か本書の続編を書くことになるかもしれない。

　そのときまで、良いトレードを続けてほしい。幸運を祈る。

用語・略語解説

ABS	絶対値。
ADX	ディレクショナルムーブメント・インデックス（DX）の移動平均。
ADXR	ADXレーティング。ADXをさらにならしたもの。
AF	加速係数。
ARC	ATRに定数を掛けた値。ボラティリティシステムで使用する。
ATR	真のレンジの平均。
B_1	買いポイント。
C	終値。
CSI	銘柄選択指数。
$+DI_1$	1日に価格が上昇した割合。プラスディレクショナル・インディケーター。
$-DI_1$	1日に価格が下落した割合。マイナスディレクショナル・インディケーター。
$+DI_{14}$	14日間中、+DIだった日の合計。
$-DI_{14}$	14日間中、-DIだった日の合計。
DX	ディレクショナルムーブメント・インデックス。
EP	極大値。最高値や最安値のこと。
H	高値。
HBOP	ハイブレイクアウトポイント。
HIP	ハイポイント、前後の日の高値が安い日の高値。
HSP	ハイスイングポイトント。スイングの山。
K	定数。
L	安値。

LBOP	ローブレイクアウトポイント。
LOP	ローポイント。前後の日の安値が高い日の安値。
LSP	ロースイングポイント。スイングの谷。
MDM_1	マイナスDM。1日に下落したディレクショナルムーブメント。
MDM_{14}	14日間中、MDMだった日の合計。
MF	モメンタムファクター。
O	始値。
PDM_1	プラスDM。1日に上昇したディレクショナルムーブメント。
PDM_{14}	14日間中、PDMだった日の合計。
RS	価格の相対力。
RSI	相対力指数。
S_1	売りポイント。
SAR	ストップ&リバースポイント。手仕舞い(損切り)とドテンを兼ねるポイント。
SI	スイングインデックス。
SIC	シグニフィカントクローズ。トレード期間中、最も有利な終値。
SIP	シグニフィカントプライス。トレード期間中、最も有利な価格。
TBP	トレンド・バランス・ポイント。
TR	真のレンジ。
TR_1	今日の真のレンジ。
TR_{14}	TRの14日間合計。
VI	ボラティリティインデックス。
$\overline{X}$	高値、安値、終値の平均。
失敗したスイング	2番底・2番天井を付けるものの、安値や高値を

　　　　　　　　　　更新せず、その後、新高値や新安値をとること。
ブレイクアウト　　トレンドラインを突き抜けること。

デイリーワークシート──パラボリックタイム／プライスシステム

日付	始値	高値	安値	終値	(1) SAR	(2) EP	(3) EP±SAR	(4) AF	(5) AF×差

銘 柄＿＿＿＿＿＿＿＿＿＿　　限 月＿＿＿＿＿＿＿＿＿＿

仕掛け	手仕舞い	損益	アクションと注文

デイリーワークシート——ボラティリティシステム

銘　柄　_____　　　　　　　　　　　　　　　　限　月　_____

日付	始値	高値	安値	終値	TR_1	ATR	ARC	SAR	アクションと注文

デイリーワークシート——RSI

銘　柄＿＿＿＿＿＿＿

限　月＿＿＿＿＿＿＿

(1) 日付	(2) 終値	(3) 上げ幅	(4) 下げ幅	(5) 上げ幅平均	(6) 下げ幅平均	(7) (5) − (6)	(8) 1 + (7)	(9) 100 − (8)	(10) 100 − (9)

デイリーワークシート――ディレクショナルムーブメント・インデックス

(1) 日付	(2) 始値	(3) 高値	(4) 安値	(5) 終値	(6) TR_1	(7) $+DM_1$	(8) $-DM_1$	(9) TR_{14}	(10) $+DM_{14}$	(11) $-DM_{14}$	(10)÷(9) (12) $+DI_{14}$	(11)÷(9) (13) $-DI_{14}$

銘柄＿＿＿＿＿＿＿＿　　限月＿＿＿＿＿＿＿

K ＿＿＿＿＿＿＿

(12)−(13) (14) DIの差	(12)+(13) (15) DIの合計	(14)÷(15) (16) DX	(17) ADX	アクションと注文	ADXR	ATR₁₁	CSI

デイリーワークシート──TBPシステム

日付	始値	高値	安値	終値	MF	TR	$\overline{X}$	TBP	$\overline{X}-TR$ 買いのストップ

銘柄＿＿＿＿＿＿＿＿＿＿　　　限月＿＿＿＿＿＿＿

$2\bar{X}-L$	$\bar{X}+TR$	$2\bar{X}-H$			
買い目標値	売りのストップ	売りの目標値	仕掛け	手仕舞い	**アクションと注文**

193

デイリーワークシート——リアクショントレンド・システム

日付	始値	高値	安値	終値	$\overline{X}$	$2\overline{X}-H$ B_1	$2\overline{X}-L$ S_1	$2\overline{X}-2L+H$ HBOP	$2\overline{X}-2H+L$ LBOP

銘　柄＿＿＿＿＿＿＿＿＿＿　　　限　月＿＿＿＿＿＿＿＿＿＿

仕掛け	手仕舞い	損益	アクションと注文

デイリーワークシート──スイングインデックス・システム

日付	始値	高値	安値	終値	(1) H_2-C_1	(2) L_2-C_1	(3) H_2-L_2	(4) C_1-O_1	(5) C_2-C_1	(6) C_2-O_2	(7) C_1-O_1	(8) N
					絶対値を使用				+/−をそのまま使用			

列8　(5)+1/2 (6)+1/4 (7)
列9　(1) と (2) の大きい方
列10　もし (1) が最大なら (1)−1/2 (2)+1/4 (4)
　　　もし (2) が最大なら (2)−1/2分 (1)+1/4 (4)
　　　もし (3) が最大なら (3)+1/4分 (4)
列11　値幅制限
列12　50×(8)÷(10)×(9)÷(11)

銘　柄＿＿＿＿＿＿＿＿＿＿＿＿

限　月＿＿＿＿＿＿＿＿＿＿＿＿

(9) K	(10) R	(11) L	(12) SI	(13) ASI	SAR	アクションと注文

197

■著者紹介
J・ウエルズ・ワイルダー・ジュニア(J. Welles Wilder, Jr.)
さまざまな新しいオシレーターを開発し、テクニカルトレードシステム分野に革命を起こしたワイルダーは、自分自身も活発なトレーダーであると同時に、テクニカルシステムや分析方法に関するアドバイザーとしても活躍している。彼の研究は新聞、雑誌をはじめ、ラジオやテレビでも紹介されており、数あるトレードシステムのなかでも、彼のシステムがおそらく世界中で最も多く使われている。また、ワイルダーはアジアやオーストラリア、カナダ、アメリカ、ヨーロッパで、テクニカルトレーディング・セミナーを開催している。また、自ら経営するトレンド・リサーチ社(ノースカロライナ州マクリーンズビル)では、こうしたセミナーだけでなく、トレーディング関連ソフトウエアの販売や著作の発行も行っている。著書に『ワイルダーのアダムセオリー──値動きこそがすべて』(パンローリング)がある。

■監修者紹介
長尾慎太郎(ながお・しんたろう)
東京大学工学部原子力工学科卒。北陸先端科学技術大学院大学・修士(知識科学)。日米の銀行、投資顧問会社、ヘッジファンドなどを経て、現在は大手運用会社勤務。訳書に『魔術師リンダ・ラリーの短期売買入門』『新マーケットの魔術師』など(いずれもパンローリング、共訳)、監修に『高勝率トレード学のススメ』『ラリー・ウィリアムズの短期売買法【第2版】』『コナーズの短期売買戦略』『続マーケットの魔術師』『続高勝率トレード学のススメ』『ウォール街のモメンタムウォーカー』『投資哲学を作り上げる 保守的な投資家ほどよく眠る』『システマティックトレード』『株式投資で普通でない利益を得る』『ブラックスワン回避法』『市場ベースの経営』『金融版 悪魔の辞典』『世界一簡単なアルゴリズムトレードの構築方法』『ハーバード流ケースメソッドで学ぶバリュー投資』『システムトレード 検証と実践』『バフェットの重要投資案件20 1957-2014』『堕天使バンカー』『ゾーン【最終章】』『ウォール街のモメンタムウォーカー【個別銘柄編】』『マーケットのテクニカル分析』『ブラックエッジ』『逆張り投資家サム・ゼル』『マーケットのテクニカル分析 練習帳』など、多数。

■訳者紹介
井田京子(いだ・きょうこ)
翻訳者。主な訳書に『トレーダーの心理学』『スペランデオのトレード実践講座』『トレーディングエッジ入門』『千年投資の公理』『ロジカルトレーダー』『チャートで見る株式市場200年の歴史』『フィボナッチブレイクアウト売買法』『ザFX』『相場の黄金ルール』『トレーダーのメンタルエッジ』『破天荒な経営者たち』『バリュー投資アイデアマニュアル』『遅咲きトレーダーのスキャルピング日記』『FX 5分足スキャルピング』『完全なる投資家の頭の中』『勘違いエリートが真のバリュー投資家になるまでの物語』『株式投資で普通でない利益を得る』『バフェットからの手紙【第4版】』『金融版 悪魔の辞典』『バフェットの重要投資案件20 1957-2014』『市場心理とトレード』『逆張り投資家サム・ゼル』(いずれもパンローリング)など、多数。

```
2002年5月31日  初 版第1刷発行
2006年2月5日          第2刷発行
2008年1月5日          第3刷発行
2010年3月5日          第4刷発行
2019年4月2日   新装版第1刷発行
```

ウィザードブックシリーズ ㉗⑦

ワイルダーのテクニカル分析入門
──オシレーターの売買シグナルによるトレード実践法

著 者	J・ウエルズ・ワイルダー・ジュニア
監修者	長尾慎太郎
訳 者	井田京子
発行者	後藤康徳
発行所	パンローリング株式会社
	〒160-0023 東京都新宿区西新宿7-9-18 6階
	TEL 03-5386-7391 FAX 03-5386-7393
	http://www.panrolling.com/
	E-mail info@panrolling.com
編 集	エフ・ジー・アイ(Factory of Gnomic Three Monkeys Investment)合資会社
装 丁	パンローリング装丁室
組 版	パンローリング制作室
印刷・製本	株式会社シナノ

ISBN978-4-7759-7246-5

落丁・乱丁本はお取り替えします。
また、本書の全部、または一部を複写・複製・転訳載、および磁気・光記録媒体に
入力することなどは、著作権法上の例外を除き禁じられています。

本文 ©Kyoko Ida／図表 ©Pan Rolling 2002 Printed in Japan

J・ウエルズ・ワイルダー・ジュニア

さまざまな新しいオシレーターを開発し、テクニカル・トレーディングシステム分野に革命を起こしたワイルダー。自分自身も活発なトレーダーであると同時に、テクニカルシステムや分析方法に関するアドバイザーとしても活躍。彼の研究は新聞、雑誌をはじめ、ラジオやテレビでも紹介され、数あるトレーディングシステムのなかでも、彼のシステムがおそらく世界中で最も多く使われている。

ウィザードブックシリーズ278

ワイルダーのアダムセオリー —— 値動きこそがすべて

定価 本体3,800円+税　ISBN:9784775972472

ただひたすらマーケットの動きに付いていけ！

　本書はワイルダーがジム・スローマンから購入した「アダムセオリー」の解説書である(原題:"The Adam Theory of Markets or What Matters is Profit")。さて、ワイルダー自身も述べているように、いったいどこの誰がマーケットにおける必勝法なるものに100万ドルも支払うというのだろう？「常識」に照らせばその類のオファーはほとんどがまがい物である。だがしかしここでの購入者はあのワイルダーなのだ。いったい私たちの「常識」には例外があるのだろうか？

　アダムセオリーとは、世界中のあらゆる自由なマーケットで利益を生み出すことができる理論である。また、マーケットを見る特別な方法であり、同時にマーケットでトレードする特別な方法でもある。アダムセオリーとは、マーケットが発する情報のみに基づいて利益を上げる最も純粋、単純、かつ簡単な取引手法である。

　しかし、アダムセオリーは単にそれだけではない。将来のマーケットの動きについて、最も可能性の高い道筋を示してくれる。アダムセオリーは将来の値動きについて予想を可能にし、トレーダーにその道筋を示してくれる。トレーダーは、アダムセオリーが示唆するトレードを実行すべきかどうかについて自らに問うだけである。そしてトレードすべきと確信したときに取引を執行するのである。

　アダムセオリーはいかなるタイムフレームにも適応することができる。つまり、日足、週足、月足、1時間足、5分足であれ、いかなる時間枠にも適用することができるのだ。アダムセオリーは視覚的なものでもあり、単純なバーチャートが最も適している。数学的な処理は一切必要ない。

　また、アダムセオリーはトレーダーが大切にするたくさんの手法が失敗に終わる理由を明らかにしてくれる。アダムセオリーを読み終わったあなたは、二度とこれまでと同じ視点でマーケットを見ることはないだろう。

アル・ブルックス

1950年生まれ。医学博士で、フルタイムの個人トレーダーとして約20数年の経験を持つ。ニューイングランド地方の労働者階級出身で、トリニティ大学で数学の理学士号を修得。卒業後、シカゴ大学プリッツカー医科大学院に進学、ロサンゼルスで約10年間眼科医を開業していた。その後、独立したデイトレーダーとしても活躍。

ウィザードブックシリーズ 206
プライスアクショントレード入門
足1本ごとのテクニカル分析とチャートの読み方

定価 本体5,800円+税　ISBN:9784775971734

指標を捨てて、価格変動と足の動きだけに注視せよ

単純さこそが安定的利益の根源! 複雑に組み合わされたテクニックに困惑する前に、シンプルで利益に直結するチャートパターンを習得しよう。 トレンドラインとトレンドチャネルライン、前の高値や前の安値の読み方、ブレイクアウトのダマシ、ローソク足の実体やヒゲの長短など、相場歴20年のトレーダーが体得した価格チャートの読み方を学べば、マーケットがリアルタイムに語りかけてくる仕掛けと手仕舞いのポイントに気づくことができるだろう。

ウィザードブックシリーズ 209
プライスアクションと
ローソク足の法則
足1本の動きから隠れていたパターンが見えてくる

定価 本体5,800円+税　ISBN:9784775971734

**プライスアクションを極めれば、
隠れたパターンが見えてくる!**

トレードは多くの報酬が期待できる仕事だが、勤勉さと絶対的な規律が求められる厳しい世界である。成功を手にするためには、自分のルールに従い、感情を排除し、最高のトレードだけを待ち続ける忍耐力が必要だ。

アレキサンダー・エルダー

ウィザードブックシリーズ 9
投資苑
心理・戦略・資金管理

定価 本体5,800円+税　ISBN:9784939103285

現在 17刷

世界12カ国語に翻訳され、各国で超ロングセラー!
精神分析医がプロのトレーダーになって書いた心理学的アプローチ相場本の決定版!成功するトレーディングには3つのM(マインド、メソッド、マネー)が肝心。投資苑シリーズ第一弾。

ウィザードブックシリーズ 50
投資苑がわかる203問

定価 本体2,800円+税　ISBN:9784775970119

ウィザードブックシリーズ 56
投資苑2

定価 本体5,800円+税　ISBN:9784775970171

ウィザードブックシリーズ 57
投資苑2 Q&A

定価 本体2,800円+税　ISBN:9784775970188

ウィザードブックシリーズ 120
投資苑3

定価 本体7,800円+税　ISBN:9784775970867

ウィザードブックシリーズ 121
投資苑3　スタディガイド

定価 本体2,800円+税　ISBN:9784775970874

ウィザードブックシリーズ 194
利食いと損切りのテクニック
トレード心理学とリスク管理を融合した実践的手法

定価 本体3,800円+税　ISBN:9784775971628

自分の「売り時」を知る、それが本当のプロだ!
「売り」を熟知することがトレード上達の秘訣。
出口戦術と空売りを極めよう!
『投資苑』シリーズでも紹介されている要素をピンポイントに解説。多くの事例が掲載されており、視点を変え、あまり一般的に語られることのないテーマに焦点を当てている。

ウィザードブックシリーズ257

マーケットのテクニカル分析
トレード手法と売買指標の完全総合ガイド

ジョン・J・マーフィー【著】

定価 本体5,800円+税　ISBN:9784775972267

世界的権威が著したテクニカル分析の決定版!

1980年代後半に世に出された『テクニカル・アナリシス・オブ・ザ・フューチャーズ・マーケット(Technical Analysis of the Futures Markets)』は大反響を呼んだ。そして、先物市場のテクニカル分析の考え方とその応用を記した前著は瞬く間に古典となり、今日ではテクニカル分析の「バイブル」とみなされている。そのベストセラーの古典的名著の内容を全面改定し、増補・更新したのが本書である。本書は各要点を分かりやすくするために400もの生きたチャートを付け、解説をより明快にしている。本書を読むことで、チャートの基本的な初級から上級までの応用から最新のコンピューター技術と分析システムの最前線までを一気に知ることができるだろう。

ウィザードブックシリーズ261

マーケットのテクニカル分析 練習帳

ジョン・J・マーフィー【著】

定価 本体2,800円+税　ISBN:9784775972298

テクニカル分析の定番『マーケットのテクニカル分析』を完全征服!

『マーケットのテクニカル分析』の知見を実践の場で生かすための必携問題集! 本書の目的は、テクニカル分析に関連した膨大な内容に精通しているのか、あるいはどの程度理解しているのかをテストし、それによってテクニカル分析の知識を確かなものにすることである。本書は、読みやすく、段階的にレベルアップするように作られているため、問題を解くことによって、読者のテクニカル分析への理解度の高低が明確になる。そうすることによって、マーフィーが『マーケットのテクニカル分析』で明らかにした多くの情報・知識・成果を実際のマーケットで適用できるようになり、テクニカル分析の神髄と奥義を読者の血と肉にすることができるだろう!

ウィザードブックシリーズ 274

トレンドフォロー大全
上げ相場でも下げ相場でもブラックスワン相場でも利益を出す方法

マイケル・W・コベル【著】

定価 本体7,800円+税　ISBN:9784775972434

なぜいつもトレンドフォロワーは最後に勝ってしまうのか？ ブームにもバブルにもパニックにも大暴落にも機能する戦略！

　本書は上げ相場でも、下げ相場でも、まったく予期しない相場でも利益を上げることができるトレード戦略について書かれたものである。ブル相場であろうと、ベア相場であろうと、経験や統計で予測できないブラックスワン相場であろうと、簡単で再現性のあるルールを適用し、トレンドが変わる瞬間までトレンドに従うことでだれでも市場で利益を出すことができるのだ。彼の古典をベストタイミングで全面改訂した本書では、トレンドフォロー戦略を、リスク、利点、人々、システムに焦点を当てて分析している。何百万ドルも稼いだトレーダーや彼らの成功と失敗から、多くのことを学べるはずだ。こうした話は本書でしか読むことはできない。さらにトレンド哲学や、それがブーム、バブル、パニック、大暴落のときにどう機能したかも学ぶことができる。しっかりとしたデータと動かぬ証拠、そして行動ファイナンスを駆使して、トレンドフォローの中核となる原理を突き詰めた本書は、新米トレーダーからプロトレーダーまであらゆるトレーダーにとって役立つはずだ。市場からアルファを引き出すにはどうすればよいのか。その答えは本書のなかにある。

　この改訂版では7人のプロトレーダーへのインタビューと彼の独自ネットワークを使って取得したトレンドフォローの研究論文が新たに加えられ、今日的なトピックが満載されている。パッシブインデックスファンドを超えた耐久性のあるポートフォリオを構築したい人、FRBを信じてばかりもいられないと思う人にとって、これほどパーフェクトな本があるだろうか。

- ● 偉大なトレンドフォロワーと出会い、彼らのルールとゲームの哲学を学ぼう。
- ● 窮地に陥ったとき、トレンドフォローがいかに素晴らしいものであるかを実感するためにデータを分析してみよう。
- ● トレンドトレードを理解しよう。トレンドトレードの中核をなすものは行動経済学やルールに基づく意思決定で、効率的市場仮説はその対極にある。
- ● トレンドトレードの哲学を学び、自分で実践してみよう。あるいはトレンドフォローファンドに投資してもよいだろう。

　トレンドフォローとは予測をすることではなく、パッシブインデックス投資でもなければ、買ってただ祈ることでもない。トレンドフォローはいかなる形のファンダメンタルズ分析でもない。トレンドフォローとは具体的なルール、つまり経験則を使って、人間の行動心理を利用して利益を上げる戦略のことを言うのだ。トレンドフォローは非常に明快で、簡単で、根拠に基づく戦略だ。常にカオスのなかにある複雑な世界で利益を上げたい人にとって、トレンドフォローほど確実な戦略はいまだこの地球上では発見されていない！

ウィザードブックシリーズ 232
ボリンジャーバンドとMACDによるデイトレード 世界一シンプルな売買戦略
マルクス・ヘイトコッター【著】

定価 本体2,800円+税　ISBN:9784775972014

「オシレーターマニア」からの卒業！
超短期順張り法、トレードをシンプルにしよう！

「シンプル戦略」とは、だれでもできる非常に強力なトレンドフォローによるデイトレード戦略である。この「シンプル戦略」で必要なのは、日中に現れる超短期のトレンドだけである。ただ、トレンドは市場全体の20%くらいしか形成されない。その1日に数回しか現れないトレード機会を、ボリンジャーバンドとMACDで確実にとらえようとするものだ。

シンプル戦略の特長

- ●裁量が一切入る余地のない明確な仕掛けルール
- ●裁量が一切入る余地のない明確な手仕舞いルール
- ●日中に形成される超短期のトレンドの利用
- ●高級なトレードソフトは一切不要

ウィザードブックシリーズ 103
アペル流テクニカル売買のコツ
MACD開発者が明かす勝利の方程式
ジェラルド・アペル【著】

定価 本体5,800円+税　ISBN:9784775970690

テクニカル分析に革命をもたらした最新かつ高度な画期的テクニックも網羅！

　テクニカル分析の世界的権威、そしてMACD（マックディー）開発者として知られるジェラルド・アペル氏が、サイクルやトレンド、モメンタム、出来高シグナルなどを用いて相場動向を予測する手法を明らかにしている。

　本書が既存の大半のテクニカル分析本と異なる点のひとつに、ステップ・バイ・ステップで構成されていることが挙げられる。そのため、プロの投資家だけでなく、初心者でも現在の高ボラティリティのマーケットで大きな成功を収める可能性を提供してくれているわけだ！

ウィザードブックシリーズ 223

出来高・価格分析の完全ガイド
100年以上不変の「市場の内側」をトレードに生かす

アナ・クーリング【著】

定価 本体3,800円+税　ISBN:9784775971918

FXトレーダーとしての成功への第一歩は出来高だった!

本書には、あなたのトレードにVPA(出来高・価格分析)を適用するために知らなければならないことがすべて書かれている。それぞれの章は前の章を踏まえて成り立つものだ。価格と出来高の原理に始まり、そのあと簡単な例を使って2つを1つにまとめる。本書を読み込んでいくと、突然、VPAがあなたに伝えようとする本質を理解できるようになる。それは市場や時間枠を超えた普遍的なものだ。

ウィザードブックシリーズ 108

高勝率トレード学のススメ
小さく張って着実に儲ける

マーセル・リンク【著】

定価 本体5,800円+税　ISBN:9784775970744

あなたも利益を上げ続ける少数のベストトレーダーになれる!

夢と希望を胸にトレーディングの世界に入ってくるトレーダーのほとんどは、6カ月もしないうちに無一文になり、そのキャリアを終わらせる。この世でこれほど高い「授業料」を払う場があるだろうか。こうした高い授業料を払うことなく、最初の数カ月を乗り切り、将来も勝てるトレーダーになるためには、市場での実績が証明されたプログラムが不可欠である。本書はこのような過酷なトレーディングの世界で勝つためのプログラムを詳しく解説したものである。